방구석에서 떠나는
유럽·아시아 문화기행

방구석에서 떠나는 유럽·아시아 문화기행

60여 국을 횡단한
대한민국 청년의
문화답사기

권동환 지음

여행의 설렘을
일깨우는 책!

유아이북스

시공간 속 여행자

비행기만 타면 누구나 이상한 나라로 향하는 앨리스가 됩니다.

겨우 비행기로 몇 시간밖에 걸리지 않을 뿐인데도 땅을 밟자마자 낯선 풍경이 펼쳐지지요. 치마를 입고 다니는 미얀마의 남자들, 군인들이 가득한 레바논, 모두가 모델처럼 보이는 이탈리아… 나라마다 달라도 너무 다른 풍경에 이방인은 주춤할 수밖에 없습니다. 하지만 빨리 현실에 적응해 그곳에 동화되는 게 여행자의 숙제입니다. 이름 모를 사람들의 틈 속에서 그들의 일상과 역사, 문화를 직접적으로 체험하며 시간을 통과해야 하기 때문입니다. 언젠가 어디론가 떠날 예비 여행자들에게 이 책이 조금이라도 도움이 되었으면 하는 소박한 바람이 있습니다.

이 책에서 주로 이야기하는 주제는 낯선 곳에서 만날 문화입니다.

문화는 지역의 다양한 사회적 요인들이 사람들의 삶과 어우러져 형성된 고유의 색을 말합니다. 지역의 특성과 역사적 배경이 현재까지 이어져 온 향토 음식, 종교로 인해 스며든 습관과 의식, 급격한 기술 개발로 인해 새롭게 탄생한 생활 방식 등 문화를 정의할 수 있는 종류는 셀 수 없이 많습니다. 그래서인지 문화는 '어떤 것'이라고 특징짓기 힘듭니다. 시간과 공간을 뿌리로 두고 있기 때문입니다. 이 책이 여러분께 그러한 각지의 문화와 정서를 이해하는 토대가 되어 주기를 바랍니다.

차례

유라시아는 하나다

보통 유럽과 아시아를 구분하는 경우가 많지만 저는 이해할 수 없었습니다. 지도를 보더라도 유럽과 아시아는 하나의 대륙으로 연결되어 있기 때문입니다. 동북아시아에서 가장 먼저 일출을 볼 수 있는 장소는 바로 우리나라의 울산시 울주군입니다. 그곳에 있는 간절곶을 가면 소원을 적은 엽서를 보낼 수 있는 소망 우체통과 드라마 세트장 그리고 돌탑이 있습니다. 뜬금없는 돌탑에 의아해하는 사람도 있지만, 여기에는 아주 큰 의미가 담겨져 있습니다.

우선, 돌탑에 대한 이야기에 앞서 유럽 서쪽 끝에 위치한 포르투갈 신트라시의 호카곶을 설명해야 할 것 같습니다. 호카곶은 유라시아에서 가장 해가 늦게 지는 해넘이 명소로, 1995년 유네스코 세계문화유산에 등재되었습니다. 포르투갈의 국민 시인 루이스 카몽이스가 '여기, 땅이 끝나고 바다가 시작된다'라는 글귀를 호카곶 상징물인 돌탑의 표지석에 새겨 유명해졌습니다. 그런데, 똑같은 모양과 글 귀가 새겨진 돌탑이 간절곶에도 우두커니 서 있습니다. 어쩌다 호카 곶의 상징물과 똑같은 조형물이 간절곶에 있을까요?

2018년 1월 1일, 동쪽에서 가장 해가 빨리 뜨는 간절곶과 서쪽에 서 가장 해가 늦게 지는 호카곶을 연결하여 관광가치를 높이기 위해 두 도시가 함께 설치한 것입니다. 호카곶이 있는 신트라시에서도 간 절곶의 상징성을 인정하여, 한글로 '간절곶'이라고 새긴 부채꼴 모양 의 표지석을 세웠다고 합니다. 그런 이유에서 간절곶과 호카곶은 유 라시아 동서양의 끝과 끝이라는 사실과 하나라는 사실을 대변해줍니 다. 세계에서 유일한 상징성을 가진 두 도시만큼 돌탑이 어울리는 곳 이 없다는 사실도 변함이 없습니다. 유난히 탐스럽게 떠오르고 지는 태양을 만끽할 수 있는 두 도시를 시작으로, 방구석에서 유라시아로 떠나 봅니다.

제1부

───────

환상 가득한 유럽

01 자연과 인간의 공존, 네덜란드

잔세스칸스의 풍차

유럽 해상 무역의 출입구 역할을 하는 네덜란드를 생각하면, 무엇보다 풍차가 먼저 떠오릅니다. 그림 같은 풍경 속에서 느릿느릿 돌아가는 풍차가 네덜란드의 상징이 된 것은 그들의 토속 문화와 관련이 있습니다. 네덜란드의 국토 25퍼센트는 해수면보다 낮아서 항상 물이 토지로 차오르는 자연환경을 가지고 있습니다. 프랑스나 독일 같은 이웃 국가와 달리 척박한 자연환경을 이겨내기 위해 그들은 오랜 세월 동안 물과의 전쟁을 끊임없이 벌이며 풍차를 배수용으로 사용했습니다. 오죽하면 네덜란드에는 '신이 세상을 창조했지만, 네덜란드는 네덜란드인들이 만들었다'라는 속담이 있을 정도입니다. 그런 이유에서 네덜란드의 풍차는 자연에 대한 인류의 개척성과 공존성을 보여주는 특별한 상징입니다.

클롬펀을 만드는 장인

잔세스칸스는 네덜란드인들이 오랜 세월 동안 물과 싸워 온 흔적을 엿볼 수 있는 시골 마을입니다. 암스테르담에서 기차로 20분가량 떨어진 이곳에서는 강변을 따라 드문드문 서 있는 풍차들이 과거를 담고 있습니다. 18세기에만 하더라도 1000개 이상의 풍차로 바닷물을 퍼내고 그 자리에 흙을 채워 땅을 만들었다고 합니다. 이곳에서는 축축한 땅을 자주 밟아야 했던 환경에 맞춰 만들어진 클롬펀이라는 특별한 나막신을 만날 수 있습니다. 굽이 높고 둥근 형태의 클롬펀은 당시 그들이 얼마나 척박한 환경에서 살았는지 알 수 있는 전통 신발입니다.

평등 의식을 찾아볼 수 있는 자전거 문화

풍차와 클롬펀은 '평등'을 대변하기도 합니다. 귀족들이 권력과 토지를 소유했던 프랑스와 달리, 네덜란드에서는 농민들이 토지를 직접 개간하여 소유했던 자영농 중심 사회였기 때문입니다. 소수가 아닌 다수의 힘으로 사회를 움직였던 네덜란드인들의 삶과 성향은 도시의 풍경 속에서도 쉽게 찾아볼 수 있습니다. 종교와 군주의 권력을 자랑하듯 웅장한 건물이 빽빽한 유럽의 대도시들과 달리, 암스테르담은 운하를 따라 소박한 주택들이 어깨동무를 하듯 펼쳐져 있습니다.

암스테르담의 지명은 자연에 대한 개척성과 공존성을 품고 있습니다. 자연환경인 암스텔 강amstel river과 인문 환경인 댐dam을 합쳐 암스테르담이라고 불렀기 때문입니다. 사람들 사이에서는 독립적이되 협력적인 '자전거 문화'가 눈에 띕니다. 누구 하나 더 잘난 사람 없이 모두가 평등한 삶을 추구해 온 네덜란드인들에게 자전거란 일상의 교통수단이자 레저의 수단입니다. 수백 개가 넘는 다리로 연결된 암스테르담에서 자동차보다 자전거를 우선시하는 교통 체계는 성급함보다는 조심성을 강조합니다. 그런 이유로 남녀노소 누구나 자전거를 탈 수 있는 이곳에서는 타인에 대한 양보와 배려를 배울 수 있습니다. 운하와 풍차 그리고 자전거로 이루어진 풍경 속 네덜란드의 토속 문화는 자연에 대한 개척성과 공존성에서 비롯되었습니다.

02 프랑스는 어떻게
세계 3대 요리국이 되었을까?

여행에서 빼놓을 수 없는 즐거움이 바로 미각 기행입니다. '금강산도 식후경'이라는 말이 있듯이 미식가라면 유럽에서 즐길 수 있는 음식들이 참 많습니다. 스페인의 하몽, 이탈리아의 파르메산 치즈와 파스타, 포르투갈의 해물밥 등 각 나라가 저마다 유명한 음식을 자랑하지만, 그중에서도 프랑스는 절대 놓쳐서는 안 될 미각의 나라입니다. 프랑스는 중국, 터키와 더불어 세계 3대 요리 국가로 손꼽히기 때문입니다. 서양 식문화의 꽃을 피운 프랑스는 음식을 예술로 재탄생시켰습니다.

프랑스 문화의 중심, 파리

사실 모든 서양 문화의 근본이 아테네와 로마에서 서유럽으로 흘러갔기 때문에, 우리가 흔히 떠올리는 서양 음식의 대부분은 아테네와 로마의 문명에 기원을 두고 있습니다. 스파게티를 처음 만든 것도 미술가이자 과학자로 유명한 레오나르도 다빈치임을 보더라도 쉽게 알 수 있습니다. 그럼에도 불구하고 왜 사람들은 프랑스하면 요리, 요리하면 프랑스를 떠올릴까요? 이는 바로 18~19세기 이후 프랑스에서 현대 서양 요리의 체계가 정립되었기 때문입니다. 프랑스의 옛 식생활은 굉장히 투박했습니다. 프랑스의 선주민족인 갈리아족은 수렵 생활을 하였기 때문에, 직화 구이로 식사를 해결했습니다. 시대가 흘러 로마와 프랑크족의 지배를 받으며 다양한 음식 문화가 가미되었지만, 16세기까지 프랑스의 요리는 다른 유럽의 요리와 큰 차이점이 없었습니다.

프랑스의 식문화가 본격적으로 발전한 시점은 르네상스의 본고장 이탈리아의 고급 식문화가 프랑스의 상류 사회로 전파된 이후입니다. 배를 채우기 위해 음식을 입에 넣던 이전과 달리, 프랑스의 귀족들은 과채를 이용한 가벼운 메뉴부터 옥수수 같은 곡물 또한 즐겼습니다. 궁중에서 요리에 대한 관심이 높아질수록 프랑스의 요리사들은 새로운 조리법을 개발하는데 힘을 쏟았고, 이는 프랑스 식문화 발전의 시발점이 되어 주었습니다. 단순히 배를 채우는 식사에서, 음식을 먹으며 즐거움을 느끼는 미식美食의 개념이 탄생한 것입니다. 쉽게 말해서 프랑스 식문화의 기원은 프랑스의 토속 음식에서 자연스럽게 발전한 것이 아니라, 화려한 왕정 시대와 귀족 문화를 거쳐 철저히 기획된 것입니다. 그렇게 서양 음식의 대명사로 태어난 프랑스 요리는 문화의 한 축을 이루며 즉각적인 표현 예술로 발전하였습니다.

프랑스의 전통 요리, 라따뚜이

이러한 이유 덕분에 현재의 프랑스는 '유럽의 중국'이라 불릴 만큼 특이한 요리가 많습니다. 달팽이로 요리한 에스카르고와 거위의 간으로 요리한 푸아그라, 바다의 검은 진주로 불리는 캐비아가 대표적입니다. 식문화 또한 유별납니다. 냄비에 물을 넣고 식재료를 끓인 음식은 하급 요리로 분류합니다. 서로 누가 더 호화스러운 음식을 만드냐는 허세 가득한 싸움을 하는 통에, 물로 삶아서 양을 늘리는 방식은 가난하고 저급하다는 인식이 생겨났기 때문입니다. 국물 요리를 즐기는 동양인의 입장에서는 선뜻 이해하기 쉽지 않은 문화지만, 그들만이 가진 역사의 흔적이라고 볼 수 있습니다.

귀족들만이 즐기던 고급 요리가 대중화된 것은 프랑스 대혁명 이

개선문에서 흩날리는 프랑스 국기

후부터입니다. 프랑스 대혁명을 거치면서 왕족과 귀족들이 힘을 잃자, 일자리가 없어진 요리사들은 당시 부르주아들에게 고용되었습니다. 시간이 흘러 경력과 자본을 쌓은 요리사들이 독립하여 자신만의 식당을 개업하였고, 점차 시민들도 고급 요리를 즐길 수 있게 되었습니다. 근본적으로 고급 요리는 귀족들만의 전유물이었기 때문에 각 지방의 식문화는 여전히 투박했고, 이러한 희소성 때문에 사람들에게 큰 인기를 얻었습니다. 높은 신분을 나타내는 척도였던 사치스러운 음식 문화의 바통을 부르주아와 일반인들이 이어받으며 명품 요리의 대중화가 시작된 것입니다.

이후에도 프랑스 식문화의 성장은 멈출 줄 몰랐습니다. 한국처럼 푸짐하게 한 상 차려 먹는 것을 미덕으로 아는 프랑스의 식문화에, 추운 러시아의 식문화가 더해지며 고급 요리의 새로운 정의가 탄생했습니다. 바로 '코스 요리'라는 개념입니다. 추운 날씨에 음식이 식지 않도록 한 번에 한 가지씩 내오는 러시아의 방식을 프랑스가 도입한 것입니다. 프랑스는 오랜 세월 동안 로마로부터 물려받은 이탈리아의 음식 문화를 짧은 시간에 수입하여, 완전히 자신만의 것으로 만들며 서양 식문화의 꽃을 피웠습니다. 아무것도 모른 채 프랑스를 여행하며 경험한 그들의 식문화 역사는 예상과 달리 광활한 들판 같았습니다. 독창성이 가득한 프랑스의 식문화는 새로운 것을 창조하고자 노력한 세월과 열정이 어우러져 탄생한 것입니다.

03 독특한 생활 규칙이 많은 곳, 스위스

  평화로운 분위기와 아름다운 자연 속에 머무르면 괜히 "야호"를 외치고 싶은 것이 한국인의 정서입니다. 아마도 좋은 기운을 얻기 위한 심리에서 나타나는 행동이 아닐까 생각이 듭니다. 그렇지만 스위스에서 이러한 행동은 자칫 잘못하면 '민폐'가 될 수 있습니다. 유럽인들 중에서도 스위스인들은 유독 소음에 민감하기 때문입니다. 실제로 스위스에서는 소음이 많이 나는 공항 인근은 집 가격이 저렴한 편이기도 합니다.

고즈넉한 베른의 겨울

소음이란 사람마다 기준이 다릅니다. 예민한 사람에게는 자그마한 소리도 치명적인 스트레스가 될 수 있습니다. 스위스인의 기준에서 바라본 소음은 소리로 인해 병이 나고 이를 교정하기 위해 비용이 들거나, 휴식을 방해 받는 것입니다. 그런 이유에서 스위스 정부는 매년 수십억 프랑의 비용을 소음과 관련하여 사용하고 있습니다. 거리 소음에 대한 민원이 잦아서 저소음 바닥재를 사용하여 도로를 만들기도 합니다. 이 외에도 도롯가에 위치한 주택의 경우, 소음을 차단하기 위해 외벽을 높게 시공합니다. 며칠간 묵었던 공유 숙박 시설 근처에는 기차가 오갔었는데, 창문을 닫으면 정말 조용해서 놀랐습니다. 그만큼 스위스에서는 사람이 사는 곳이라면 소음에 대한 신경을 아주 많이 쓴다는 사실을 쉽게 알 수 있습니다.

고요한 제네바의 도심 속 풍경

소음에 관련하여 가장 특이했던 것은 '밤 10시 이후에는 변기물을 내리지 마라'는 것이었습니다. 만약 밤늦게 배가 아파 화장실을 사용하게 된다면 굉장히 난감할 수 있지만, 이곳에서는 이웃에게 피해가 갈 수 있기 때문에 꼭 지켜야 하는 생활 규칙입니다. 게다가 공동 주택이었던 숙소에는 공용 세탁실이 있었지만 세탁을 할 수 없었습니다. 세탁을 할 수 없다니… LG와 삼성 세탁기에 대한 자부심이 남다른 한국인으로서 도저히 이해할 수 없었습니다. 그렇지만 스위스에서는 빠른 수긍을 해야만 했습니다. 지정된 세탁일에 예약을 하여 세탁을 할 수 있기 때문입니다. 세탁 규칙을 어기고 몰래 시도하는 경우에는 압수까지 된다고 으름장을 놓으니, 어쩔 수 없이 시내 중심가에 있는 셀프 빨래방에서 해결할 수밖에 없었습니다.

특이한 법은 이뿐만이 아닙니다. 주말에 잔디를 깎거나 세차를 하거나 빨래를 너는 것 또한 이곳에서는 문제가 될 수 있습니다. 가족과 함께 시간을 보내라는 뜻으로 만들어진 법이라고 합니다. 이방인의 입장에서는 일상생활을 둘러싼 스위스의 규칙들이 깜짝 놀랄 만큼 신선하면서도 까다로웠습니다. 그렇지만 소음과 관련된 모든 규칙들은 질서와 상호 존중을 중요시하는 스위스인들의 삶의 태도가 전형적으로 드러나는 부분입니다.

04 장인들이 만든
세계 초콜릿의 수도, 벨기에

초콜릿이 무조건 달다는 것은 무지한 이론입니다. 와인도 원산지와 제조 방법에 따라 맛이 천차만별이듯이, 초콜릿도 어디서 어떻게 만들었는지에 따라 맛이 다양합니다. 그렇기 때문에 벨기에로 향하는 사람들은 단맛과 초콜릿의 맛을 구별하고, 더 나아가 초콜릿이라는 세상을 심도 있게 탐구하고자 방문합니다. 벨기에의 수도 브뤼셀을 이리저리 걸어 다니다 보면 참 많은 초콜릿 상점을 만날 수 있습니다. 유럽에서는 초콜릿의 원료인 카카오가 생산되지 않기 때문에 벨기에와 초콜릿은 특별히 관계가 없을 것 같지만 벨기에는 '세계 초콜릿의 수도'입니다. 아니 땐 굴뚝에 연기가 날 일 없다고, 과거 벨기에는 초콜릿의 주요 원료인 카카오버터를 생산했습니다. 벨기에의 식민지였던 콩고에서 카카오나무를 대량으로 재배할 수 있었기 때문입니다. 이러한 점에서 벨기에의 초콜릿은 빛과 어둠의 교차점이기도 합니다.

브뤼셀 어디서든지 만날 수 있는 초콜릿 가게

스페인이나 프랑스와 달리 17세기의 벨기에는 초콜릿에 큰 관심이 없던 나라였습니다. 노이하우스의 등장 이전까지 말입니다. 노이하우스는 현재 고디바, 기라델리와 더불어 세계 3대 초콜릿 브랜드로 손꼽힙니다. 노이하우스가 전 세계적인 인기를 얻을 수 있었던 이유는 초콜릿으로 견과류나 크림, 열매 등을 감싼 프랄린praline의 성공 덕분입니다. 카카오 맛 하나만으로 즐기던 초콜릿에 첨가된 새로운 맛들은 기존과 달리 입체적인 매력을 더했습니다. 또한 별과 하트, 삼각형, 팔각형 등 다양한 디자인도 마치 보석처럼 고급스러웠습니다. 사람들은 프랄린을 구매하기 위해 브뤼셀로 향했고, 열차는 언제나 만원이었습니다. 오죽하면 브뤼셀행 열차를 '프랄린 익스프레스'라고 불렀다고 합니다.

마지막으로, 쉽게 녹는 성질을 가진 초콜릿이 먹는 명품으로 각인된 결정적인 사건이 있었습니다. 바로 초콜릿을 액체 상태로 보관하여 다른 나라로 수송한 뒤, 현지에서 고체화하는 기술을 벨기에 사람이 발명한 것입니다. 덕분에 전 세계의 사람들은 벨기에의 명품을 쉽게 만날 수 있게 되었습니다. 그렇지만 문득 이런 생각이 듭니다. 진정한 보석은 초콜릿 그 자체가 아니라 수많은 회사들이 대량 생산하기 바빴을 그 시절, 초콜릿 하나에도 온 정성을 담아 고급화했던 장인들의 손길이라고 말입니다.

05

맥주를 사랑하는 사람들, 체코

프라하의 어느 양조장

체코인들에게 맥주란 연인보다 더 깊은 존재입니다. 1인당 맥주 소비량이 세계 1위인 체코는 최초의 맥주 양조법에 관한 기록이 있으며, 세계 최초로 맥주 박물관을 개관하였고, 맥주 공장 종업원이 대통령이 된 나라인 만큼 맥주에 대한 애정이 차고 넘칩니다. 체코에 머무는 동안 매일 밤마다 선술집을 기웃거리며 시간을 보내다 보니, 맥주에 대한 사랑이 왜 그렇게 큰지 이해할 수 있었습니다. 우선, 물보다 저렴한 맥주의 가격 그리고 맛입니다. 세계 최초의 라거식 맥주를 탄생시킨 체코의 자랑은 '필스너 우르켈'입니다. 깔끔한 맛과 영롱한 호박색을 띠는 라거는 기존의 맥주와 달리 불순물이 없습니다. 특히, 보헤미아 지방에서 생산되는 양질의 홉hop에서 풍기는 쌉싸름한 향은 강한 중독성을 가지고 있습니다.

그러나 분명히 같은 필스너임에도 불구하고 가게마다 그 맛과 양이 달랐습니다. 처음에는 왜 이렇게 다른지에 대한 의문이 생겼지만, 그 답을 찾는 데까지는 오래 걸리지 않았습니다. 고개를 갸우뚱거리는 이방인의 표정을 본 옆자리의 현지인이 문제를 풀어 주었기 때문입니다. 자신을 연구원이라고 소개한 사내는 가게마다 다른 '푸어링 Pouring'이 맛과 양을 결정한다고 말했습니다. 그는 거품이 컵의 4분의 1 이상을 차지하는 흘라딩카, 거품과 맥주의 비율은 흘라딩카와 같으나 두 번에 나누어 따르는 드바크랏, 맥주 한 잔을 다 마시기 부담스러운 사람들을 위해 두꺼운 거품을 다 채우지 않은 슈니트, 바닥 부분에 약간의 맥주를 제외하곤 거품으로 잔을 채워 맥주의 아로마를 극대화한 플리코, 마치 칵테일처럼 두 가지 종류의 맥주를 섞이지 않도록 따르는 르제자네를 설명해 주었습니다. 탭에서 잔에 맥주를 따르는 푸어링 기술은 맥주가 가진 특성을 표현합니다. 어떻게 술잔에 채우는지에 따라 그 맛과 양이 다르다는 개념은 참 신선했습니다.

누구든지 친구가 될 수 있는 체코의 선술집

자주 선술집에서 시간을 보내다 보니, 체코인들의 엄청난 맥주 소비량은 단순히 저렴한 가격과 품질 때문만은 아니라는 생각이 들었습니다. 중세의 보물 창고이자 맥주의 천국으로 불리는 프라하를 중심으로, 전국에 흩어져있는 맥주 양조장과 선술집에서는 누구든지 환영하기 때문입니다. 심지어 체코의 속담에는 '맥주를 양조하는 곳에서는 모든 일이 잘되고, 맥주를 마시는 곳의 삶은 어디든 행복하다'라는 말까지 있습니다.

맥주는 체코인들이 추구하는 행복한 삶의 필요조건입니다. 오랜 시간 동안 두 차례의 큰 전쟁을 겪으며, 사람들은 이곳에서 불안한 미래에 대한 걱정을 덜어내고 위로를 받았습니다. 위기 상황에서 얻은 친화적인 성격과 민주적인 사회성, 그리고 열린 마음을 느낄 수 있는 선술집은 체코인들의 정서를 대변해 줍니다. 맥주 한 잔으로 누구와도 대화를 나눌 수 있는 체코의 일상에서는 그들의 삶이 고스란히 묻어납니다.

06 축구는 유럽인의 삶
그 자체다

사람들로 가득 찬 유럽의 축구 경기장

세상에는 던지거나 발로 차는 인간의 본능적인 행동을 통해 만들어진 여러 종류의 스포츠가 존재합니다. 특히, 발로 차는 행동을 기반으로 탄생한 축구는 세계인들이 가장 사랑하는 스포츠입니다. 손과 팔을 쓰는 행위를 금지하고 상대의 골대에 공을 넣는 것이 규칙인 축구는 전 세계의 어떤 스포츠보다 높은 보급률과 인기를 자랑합니다. 축구의 종주국은 영국으로 알려져 있지만, 축구가 어느 지역이나 특정 인종에 의해 시작된 것은 아닙니다. 그리스, 중국, 이집트, 프랑스는 물론 우리나라의 고대 국가 신라에서도 오늘날의 축구와 흡사한 공놀이에 관한 기록을 발견할 수 있습니다. 다만, 통일된 규칙 없이 발을 사용하는 원시적 형태의 공놀이가 영국을 통해 축구라는 스포츠로 발전한 것입니다.

전 세계에서 열리는 큰 축구대회 중 하나인 챔피언스리그의 현장

축구는 영국에서 유럽으로 수출된 이후, 현대 축구의 기틀을 다지며 유럽 역사에 큰 영향을 미쳤습니다. 한 세기에 걸친 꾸준한 노력으로 축구 그 자체의 발전은 물론, 각국의 역사와 축구가 혼합되어 새로운 문화를 창조했기 때문입니다. 대표적인 예로 독립 영웅인 오

라네 공작 빌럼 1세를 기리기 위해 그의 가문을 상징하는 오렌지색의 유니폼을 입는 네덜란드, 뿔 달린 헬멧과 둥근 방패 같은 바이킹 장신구를 이용하여 응원하는 덴마크가 있습니다. 다른 유럽 국가들의 응원 문화도 과거 전쟁 속에서 자신들의 명예와 정체성을 지켰던 행동이 축구로 이어져 탄생한 것이라고 볼 수 있습니다. 그래서인지 여전히 국가 간의 대항전을 대리 전쟁으로 생각하고 열렬히 응원하는 사람들이 많습니다.

자신이 응원하는 구단의 승리를 자축하는 사람들

축구 없이 살 수 없는 유럽인들은 국가 간의 대항전 이외에도 자신이 응원하는 구단을 위해 울고 웃습니다. 관객들이 구장을 걸어 나올 때에는 승패에 따라 표정부터 다릅니다. 승리를 하는 날에는 함박웃음으로 가득하지만, 패배를 하는 날에는 초상집 분위기입니다. 하지만 승패를 떠나 축구를 사랑하는 모든 유럽인에게서 공통점을 찾을 수 있습니다. 바로 자신이 응원하는 구단의 유니폼과 목도리 같은 상품을 착용한 채 경기를 관람하는 것입니다. 소속감이 그 이유입니다. 12번째 선수는 팬이라는 말이 있듯이, 응원하는 구단의 상품을 착용하는 행동은 소속감에서 출발합니다. 한 마디로 "우리는 하나야. 함께 상대를 이기자"라는 의지가 담겨 있는 것입니다. 경기장에 지진이라도 일으킬 듯이 발을 동동 굴리고, 파도타기를 하며 함성을 지르는 단결된 모습도 이러한 정신에서 표출된 행위입니다. 누구나 가슴 설레는 하루가 될 만큼 열기로 가득 찬 유럽 축구의 현장은 그들의 문화를 경험할 수 있는 좋은 시간이 되어 줍니다.

07 클래식 음악의 도시,
오스트리아 비엔나

    오랜 역사만큼 다양한 악기로 연주된 클래식 음악은 현대에서
도 영화와 드라마, 광고 등 여러 매체를 통해 다가옵니다. 일상 속에
서 쉽게 만나는 익숙한 예술임에도 불구하고, 고급스러운 이미지 때
문에 부유층만의 소유물이라고 느껴지기도 합니다. 클래식은 도대체
무엇일까요? 사전적 의미로 '고전의', '모범적인'이라는 뜻의 클래식은
고대 그리스 로마의 예술을 부흥시키는 의미도 가집니다. 음악은 물
론 문학, 미술, 패션까지 예술 전반에 영향을 미친 클래식은 예술가

들이 일으킨 고전주의 운동이기도 합니다. 그런데 더욱 먼 과거로 돌아가면, 클래식은 예술과 연관이 있는 단어가 아니었습니다. 계급이나 학급을 의미하는 클래스class에 어원을 둔 클래식은 고대 로마 시대에 고위직 군인을 가리키는 단어로 전용되었습니다.

예술가들이 고대 문화 부흥을 목적으로 일으킨 고전주의 운동의 의미가 구체적이고 명확해진 시점은 중세 말기 르네상스 시대입니다. 그렇지만 음악만큼은 다른 분야에 비해 발전이 무뎠습니다. 과거의 기록이 남아있는 문학이나 미술과 달리, 음악은 모범이 되는 '클래식'을 알 수 없었기 때문입니다. 음악가와 악기는 분명히 있었지만 기보법이 없었던 고대 음악은 음악의 실체인 음音 자체가 공중으로 사라

합스부르크 왕가의 여름 별장이었던 쇤브룬 궁전

저 버렸습니다. 이러한 이유로 미켈란젤로, 다빈치와 같은 미술가들과는 달리 음악가들은 비교적 덜 알려진 것입니다. 그들은 고대 음악의 감성을 바탕으로 음악의 기초를 쌓았고, 이것이 클래식 음악 역사의 시작이었습니다.

　클래식 음악 또는 서양 고전 음악의 개념이 확립된 것은 의외로 그리 오래되지 않았습니다. 신분 사회였던 중세의 시대적 배경상, 음악이란 귀족과 교회만의 소유물이었기 때문에 대중적이지 못했습니다. 18세기 무렵이 되어서야 자유를 앞세운 미국의 독립과 프랑스 혁명 등을 통해 시민 계급이 사회에 영향력 있는 지위로 올라섰고, 문화 향유의 일종으로 옛 음악에 관심을 가지게 되었습니다. 사람들은

세계 5대 오페라 극장 중 하나인 비엔나 국립 오페라하우스

감정을 표현하는 인본주의 바탕의 음악을 좋아했고, 덕분에 연주회가 성행하고 성장할 수 있었습니다. 이는 서양 음악 장르에 있어서 중요한 가치를 지니는 시대적 변화였는데, 그 중심에는 오스트리아 비엔나가 있었습니다.

고전파 음악의 핵심인 하이든, 모차르트, 베토벤은 음악의 도시라 불리는 비엔나에서 교향곡의 발전을 이룬 소나타 형식을 정립했습니다. 그들은 왜 비엔나에 머물렀을까요? 그 시절의 오스트리아 비엔나는 현재의 도시적인 지위와 완전히 달랐습니다. 런던과 파리 그리고 나폴리를 잇는 유럽 최고의 대도시이자, 광활한 영토의 신성 로마 제국을 이끈 합스부르크 왕가의 수도였습니다. 당연히 귀족 계급과 부

비엔나 레지딘즈오케스터에서 관람한 오페라 공연

유층은 권력을 위해 비엔나에 모여들었고, 자신을 후원해 줄 경제력을 가진 그들을 따라 가난하고 젊은 음악가들이 모여든 것입니다. 그들에게 비엔나는 기회의 땅이었습니다. 또한, 당시에는 나라를 다스리는 군주가 외국인일 정도로 유럽 각국의 문화가 공존하던 시대였습니다. 다양성과 포용력을 느낄 수 있는 환경이었고, 이에 따라 음악가들은 새로운 음색과 예술적인 구성 그리고 자신만의 이야기를 표현하고자 비엔나에 정착할 수밖에 없었습니다.

세계 5대 오페라 극장인 비엔나 국립 오페라하우스의 공연과 더불어 크고 작은 악단의 공연이 비엔나에서 매일 밤 열립니다. 흔히 음악을 귀로 감상한다고 말하지만, 비엔나에서는 몸과 마음으로 감상하게 됩니다. 좁은 의미로는 클래식 그 자체인 모차르트와 하이든 그리고 베토벤의 음악을 표현하는 악단의 연주가 청중의 시선을 사로잡기 때문입니다. 특히, 관중들 틈에 숨어있다가 연주에 맞추어 갑자기 노래를 부르는 오페라 가수들의 황홀한 퍼포먼스는 온몸에 전율을 선사합니다. 감수성이 빛나는 음악과 문화를 소비하는 사람들의 여유로운 표정을 보면, 어렵게만 느껴졌던 클래식 음악에 대한 오해가 풀립니다. 클래식이 특정인들을 위한 음악이 아니라, 동양에서도 일상의 일부가 될 만큼 모두가 즐기는 문화라는 사실을 깨달았기 때문입니다. 세계에서 가장 위대한 음악가들이 구축한 예술의 산물인 클래식 음악은 지속되는 변화에 발맞춰 성장했음이 확실합니다.

08 모두가 만족하는 유럽의 예술, 버스킹

유럽의 거리는 언제나 자신만의 예술을 뽐내는 사람들로 가득합니다. 악기와 마이크, 휴대용 앰프로 거리 곳곳에서 관객과 소통하며 음악을 하는 사람들을 버스커busker라고 부릅니다. 그들은 지나가던 시민들의 자발적인 기부를 대가로 공연을 하는 예술가입니다. 길거리에서 행해지는 공연을 뜻하는 버스킹busking은 여행자에게 매력적인 광경입니다. 그렇지만 처음부터 유럽의 버스킹이 자유로운 영혼들의 예술을 뜻하는 것은 아니었습니다. '공연하다'라는 뜻의 Busk에서 유래된 버스킹과 버스커라는 단어는 1860년대 영국에서 만들어졌습니다. Busk의 어원은 '찾다'라는 뜻을 가진 스페인어 Buscar입니다. 실제로 과거의 버스킹은 거리 공연을 의미할 뿐만 아니라, 부랑인들이 구걸할 대상을 '찾는 행위'를 뜻하기도 했습니다. 집시와 부랑인 같은 유랑 민족이 생계를 유지하기 위한 행동들이 발전하여 현재의 버스킹으로 자리 잡은 것입니다.

녹음 시설이 열악했던 과거, 음악가들에게 길거리는 오랜 시간 동안 데뷔 장소로 활용되기도 했습니다. 21세기 거리의 예술가들은 길거리뿐만 아니라 공원, 광장, 지하철 등 다양한 장소에서 활동합니다.

엄숙주의적 정서가 팽배했던 우리나라에서도 최근 일반인들을 대상
으로 펼치는 각종 음악 경연 대회의 영향 덕분에 버스킹 문화가 점차
확산되었지만, 규제와 문화가 뒷받침되지 않아 문제가 되고 있습니다.
우리나라에서는 뮤지션 간의 치열한 경쟁 때문에 앰프 볼륨을 크게
높여 주변 상권에 민폐를 끼치며 갈등의 원인이 되는 경우가 많지만
유럽은 조금 다릅니다. 런던과 프라하 같은 대도시에서는 버스킹 등
록제를 시행하고 있어서 허가를 받고 활동하기 때문입니다.

사실, 버스킹은 오래 전부터 존재하던 문화입니다. 한국의 각설이
와 판소리꾼처럼, 대부분의 문화권에는 사람들이 공공장소에서 공연
을 했던 역사적 기록이 남아있습니다. 그런 이유에서 길거리 공연을

규제하기보다는 하나의 문화로 인정하고 적절한 제도를 두는 것이 좋은데, 이를 실천하여 주민과 관광객 그리고 예술가 모두의 만족을 얻은 유럽의 버스킹은 올바른 문화라고 볼 수 있습니다.

09 로마의 도로,
서양 문화의 통로가 되다

'모든 길은 로마로 통한다'라는 말이 있습니다. 어느 곳에서든 산을 넘고 강을 건너 앞으로 나아가다 보면 언젠가 로마에 도착한다는 뜻입니다. 하지만 파리나 런던 같은 유럽의 대도시도 많은데 왜 하필이면 로마였을까요? 그것은 8만 5000킬로미터에 이르는 로마의 도로 덕분입니다. 현대 고속도로의 효시인 로마 제국의 포장도로는 궂은 날씨에도 신속하게 이동할 수 있는 발명품이었습니다. 최대한 빠르게 이동하기 위해 높은 산에 터널을 뚫고, 강과 계곡에 다리를 연결하여 모든 길을 로마로 연결시킨 것은 광대한 영토를 통치하기 위한 신념이기도 했습니다. 도로가 국토의 동맥이라는 사실을 수천 년 전의 로마

인들은 이미 알고 있었던 것입니다. 도로망 확충에 전력을 다했던 로마 제국은 중국 문명과 함께 인류 역사에 중대한 영향을 끼쳤습니다. 도로와 도로로 연결된 도시에는 현대의 신도시 개발처럼 목욕탕과 광장, 개선문, 원형 극장 등의 건축물을 축조했습니다.

지중해를 둘러싼 모든 국가와 북부 아프리카까지 점령한 로마 제국은 이런 방식으로 세계 곳곳에 자신들의 문화를 퍼트렸습니다. 새롭게 건설된 도시에서는 어김없이 로마에서 건너온 마차 경주와 격투기 그리고 연극을 쉽게 관람할 수 있었습니다. 그것은 피지배인들이 가장 빨리 로마 문화에 중독되게 만드는 방법이었습니다.

요르단의 암만Amman과 프랑스의 아를Arles에서는 여전히 로마의 원형 극장을 만날 수 있습니다. 레바논의 티레Tyre에 건설된 로마식

레바논의 티레에서 만난 전차 경기장

로마의 랜드마크, 콜로세움

전차 경기장은 더욱 선명한 흔적입니다. 세계에서 가장 큰 전차 경기

장인 이곳은 돌로 포장된 도로와 정교하게 조각된 석관, 거석들로 쌓

아올린 관중석 등 보존이 잘되어 있어 당시 로마의 문화가 얼마나 눈부셨는지 자세히 볼 수 있습니다. 전쟁을 위한 보급로 확보, 인구와 물자의 지역 이동, 우편업의 발전을 통한 정보의 이동 그리고 국제적 문화 전파… 이 모든 것은 도로망 덕분에 가능한 일이었습니다. 서양 문명의 요람인 로마 제국의 눈부신 역사 중에서 가장 대단한 것은 '도로'가 아니었을까요?

요르단의 제라쉬에서 만난 로마 제국의 흔적

10 광장에서부터 꽃피는 유럽의 문화

　수 세기에 걸친 도시 문화를 생생하게 간직하고 있는 '광장'은 유럽의 대표적인 유적지이자 자랑거리입니다. 광장의 동서남북은 역사가 깊은 건축물 그리고 매력적인 카페와 레스토랑 등이 둘러싸고 있어 365일 내내 사람들의 발길이 끊이지 않습니다. 사람들이 쉽게 광장을 찾을 수 있는 이유는 모든 길이 로마로 통하듯, 얽히고설킨 골목길이 모두 광장으로 연결되기 때문입니다. 마치 터줏대감처럼 도시 한가운데 위치한 광장은 그 도시를 이해할 수 있는 아주 중요한 키워드입니다. 유럽에서는 도시를 건설할 때 광장을 먼저 구성한 뒤 개발을 하기 때문에 광장은 그 지역의 역사, 경제, 사회, 문화의 중심지가 됩니다. 또한 광장은 유럽의 모든 도시에 존재한다는 공통점이 있습니다. 세계에서 가장 아름다운 광장으로 불리는 벨기에의 그랑 플라스 광장, 나폴레옹에게 유럽 최고의 응접실이란 칭송을 받은 이탈리아의 산마리노 광장 등 화려하고 웅장한 광장이 참 많지만, 그중에서도 '광장 문화'를 가장 잘 꽃피운 곳이 바로 폴란드의 크라쿠프 중앙 광장입니다.

크라쿠프 중앙광장의 오후

폴란드의 수도는 바르샤바지만, 크라쿠프는 폴란드인에게 가장 사랑받는 도시입니다. 11세기 중반부터 16세기 후반까지 556년 동안 폴란드 왕국의 수도였던 크라쿠프는 제2차 세계 대전 당시 도시 전체가 파괴된 수도 바르샤바와 달리, 독일군 사령부가 있었던 까닭에 전쟁의 피해를 입지 않았습니다. 중세의 향기가 가득한 크라쿠프 중앙광장에 머물다 보면 어디선가 나팔 소리가 들려옵니다. 소리의 정체는 성모 마리아 대성당 첨탑에서 울려 퍼지는 '헤이날'이라는 곡입니다. 여명이라는 뜻을 가진 헤이날은 고대부터 크라쿠프 성의 시간과 행사를 알리는 알람 시계 역할을 해 왔습니다. 그런데, 특이한 점은 이 나팔 소리가 중간에 느닷없이 뚝 끝난다는 것입니다. 수백 년간 지속된 이러한 관습은 칭기즈 칸의 손자 바투가 이끄는 몽골인에 의해 탄생했습니다. '지옥에서 찾아온 자'로 불렸던 몽골인들은 1241년 4월 9일 크라쿠프를 침략했습니다. 습격을 알리기 위해 이름 모를 병사는 나팔을 불었지만 오래 지나지 않아 화살에 목숨을 잃게 되었습니다. 나팔 소리가 중간에 끊기는 것은 나팔수를 애도하기 위해 그때 그 소절만큼만 부르는 것입니다. 광장에서 울려 퍼지는 헤이날은 도시의 유구한 역사와 폴란드 시민들의 애환이 고스란히 담긴 상징입니다. 비둘기를 쫓아다니는 꼬마들, 옛 크라쿠프 귀족들의 저택, 광장을 맴도는 마차, 애환이 담긴 헤이날로 창조적인 문화 공간을 형성하는 크라쿠프는 유럽의 광장 문화를 온 몸으로 느끼기 좋은 쉼터입니다.

11 낡은 중고차,
새로운 가치로 태어나다

우리는 살아가면서 클래식 음악과 미술을 쉽게 마주합니다. 카페를 가더라도 흘러나오는 클래식 음악과 벽면에 걸린 클래식 미술 작품을 볼 수 있습니다. 그렇게 익숙한 클래식이라는 단어가 오직 음악과 미술에만 사용되는 것은 아닙니다. 과거를 그리워하며 돌아가려는 흐름인 복고주의로 인해 자동차라는 공산품에도 클래식이라는 단어가 사용되고 있기 때문입니다. 클래식 카는 누군가에게는 그저 오래된 이동 수단일 수 있지만, 누군가에게는 젊은 날의 회상 혹은 추억

의 물건이 되어 줍니다. 이러한 시대적 변화는 자동차 선진 대륙인 유럽의 문화에서 시작되었습니다.

각 나라마다 자동차의 역사가 다르다 보니 클래식 카를 구분하는 기준과 시대적 배경도 다릅니다. 국제 시장에서는 일반적으로 전자식 연료 분사 시스템이 대량 생산되기 전인 1975년 이전의 차량을 클래식 카로 구분합니다. 벤츠와 포르쉐, 아우디, 폭스바겐 그리고 BMW와 같은 세계적인 명차를 제조하는 자동차 공화국 독일의 경우는 자동차 등록일에 따라 클래식 카를 명확히 구분하고 있습니다. 이 기준에 따르면 등록된지 15~30년 사이의 자동차는 영 타이머, 30년이 지난 자동차는 올드 타이머로 칭합니다. 즉, 독일에서는 15년 미

만의 차량은 클래식 카가 될 수 없다는 것입니다.

조금 더 이야기를 보태자면, 30년이 지났다고 해서 무조건 올드 타이머가 되는 것은 아닙니다. 자동차의 관리 상태가 중요하기 때문입니다. 만약 정해진 기준을 충족하여 올드 타이머로 인정받는다면, 번호판 끝에 알파벳 'H'를 새겨 넣을 수 있습니다. 또한, 표시를 새겨 넣은 후에는 정기 점검 기준의 완화와 세금 및 보험료 절감 등의 혜택을 받을 수 있습니다. 새로운 것이 최고라고 판단하는 생각보다는 오래된 물건을 문화재처럼 가치를 부여해서 만들어진 정책과 문화입니다. 이러한 유럽의 문화는 클래식 카를 새로운 투자처로 이끄는 데 한몫했습니다. 클래식 카는 시대를 반영하는 디자인과 역사적 가치를 담고 있기에 단시간 내에 가치가 뛰고 가격이 상승하는 경우가 많습니다. 그런 이유 때문인지 미술품처럼 클래식 카를 전시하기도 하는데, 자동차업계 종사자가 미술계 종사자보다 많다는 점에서 흥행이 쉽습니다. 대중적이고 공감하기 쉽기 때문에 많은 관람객을 유도하는 것입니다.

세계의 수많은 도시를 여행하다 보면 같은 모델의 자동차임에도 나라마다 그 자동차에 부여하는 가치가 다른 것을 느낄 수 있습니다. 유럽에서 인정받는 클래식 카가 중앙아시아에서는 운송 수단 혹은 현금 지불 수단으로 활용되는 경우가 흔하기 때문입니다. 그저 안타

깎기만 합니다. 최근 우리나라에서도 훈풍이 불고 있는 클래식 카는 미술품 못지않게 대우받고 있습니다. 낡은 중고차가 더 이상 단순한 기계가 아니라는 뜻입니다. 추억을 되새기는 복고주의의 열풍으로 가치를 부여받은 클래식 카는 4차 산업 혁명의 흐름 속에서 새롭게 탄생한 문화입니다.

12

5000년 역사가 보증하는
와인의 맛, 몰도바

우리나라 국토 3분의 1 정도의 면적을 가진 몰도바는 우크라이나와 루마니아 사이에 위치한 유럽의 소국입니다. 몰도바는 인도양의 몰디브와 헷갈릴 정도로 생소한 나라입니다. 현재 유럽의 최빈민국인 몰도바는 구소련을 구성하던 공화국 중 하나였습니다. 하지만 구소련 해체와 함께 독립한 후, 물가 상승으로 인한 경제적 타격을 받고 유럽에서 가장 가난한 국가로 전락했습니다. 몰도바의 수도 키시너우의 시내버스 요금이 120원인 사실만 보더라도 얼마나 경제적으로 불안정한지 알 수 있습니다. 그런데, 빈민국임에도 불구하고 몰도바가 세계 최고라고 자부할 수 있는 것이 한 가지 있습니다. 바로 와인입니다. 세계적으로 콩과 옥수수, 감자 다음으로 많은 경작지를 확보한 작물인 포도는 몰도바의 상징입니다. 기원전 3000년부터 약 5000년 동안 와인의 역사가 이어지고 있는 땅이 몰도바이기 때문입니다. 구소련의 공화국 중 최고의 와인 산지였던 몰도바는 질 좋은 와인을 생산할 수 있는 조건을 가지고 있습니다. 적절한 일조량과 위도 그리고 기름진 토지입니다. 이러한 조건들은 오래전부터 몰도바의 농업 발달에 밑거름이 되어 주었고, 유럽에서 포도가 가장 맛있는 나라로 명성을 떨치게 해 주었습니다.

몰도바 수도 키시나우의 개선문

국토에서 포도밭을 차지하는 면적 비율과 국민 1인당 포도나무 그루수가 세계 1위인 몰도바는 '작은 와인 강국'입니다. 다수의 국민들이 와인 관련 산업에 종사할뿐더러, 세계에서 가장 큰 와인 저장고인 밀레스티 미치도 있기 때문입니다. 여기서 더 놀라운 사실은 집집마다 자신만의 경작지가 있다는 점입니다. 몰도바의 국민들에게는 각자 선조로부터 물려받은 양조법으로 수제 와인을 만드는 문화가 있습니다. 조선시대 당시 자신만의 방법으로 막걸리를 빚어 이웃과 나누던 문화가 사라져 버린 우리나라와 달리, 여전히 직접 와인을 담가 마시는 몰도바의 문화가 참 신기하기만 합니다.

와인에 대한 깊은 역사와 애정이 있음에도 불구하고, 몰도바 와인

질 좋은 와인을 값싸게 마실 수 있는 몰도바

이 세계적으로 알려지지 않은 사실에 의문을 품을 수밖에 없습니다. 그 이유는 독립한지 30년이 지난 현재까지도 몰도바에 끼치는 주변 세력의 정치적 영향 때문입니다. 몰도바 와인 수출의 90퍼센트는 구 소련 국가들이 대상이었습니다. 하지만 홀로서기를 시작한 이후, 러시 아와의 갈등으로 인해 수출에 제약을 받아 와인 산업이 크게 위축된 것입니다.

몰도바인들은 자신들의 피를 와인이라고 표현합니다. 그들에게 와 인은 삶 그 자체라는 것을 강조하는 말입니다. 몰도바의 국경일에도 와인에 대한 그들의 철학이 담겨 있습니다. 몰도바의 국경일은 '와인 의 날'이기 때문입니다. 수도 키시너우의 중앙광장에서 열리는 개막

몰도바인들은 언제 어디서든지 와인을 즐긴다

식은 축제의 시작을 알립니다. 전국적으로 열리는 와인 축제는 무료
시음과 각종 공연으로 사람들을 즐겁게 해 줍니다. 사실, 몰도바에
오기 전에는 와인을 어렵게만 생각했습니다. 맥주와 다를 바 없는 술
이지만, 유독 우리나라에서는 특별한 날에만 마시는 까다로운 술처
럼 느껴졌기 때문입니다. 하지만 역사가 보증하는 와인 한 모금에 곁
들이는 숨결은 까다롭지 않은 낭만으로 다가왔습니다. 특히, 코끝을
자극하는 진한 향은 풍미가 살아있습니다. 비록 독립과 외교 갈등으
로 인해 큰 어려움을 직면하고 있지만, 낮은 임금과 오랜 양조 노하
우를 통해 질 좋고 값싼 와인을 생산할 수 있는 이곳은 '와인의 신대
륙'이 분명합니다.

13 발트해의 놀라운 기적, 에스토니아

발트해를 품고 있는 에스토니아는 오랜 세월 동안 식민 지배를 받은 나라입니다. 단 하나의 국가가 아닌 독일, 덴마크, 스웨덴, 러시아 다수의 국가로부터 말입니다. 그런 이유에서 에스토니아의 수도 탈린에서는 동유럽과 북유럽 그리고 러시아의 다양한 흔적을 찾아볼 수 있습니다. 가장 인상적인 유적지는 600년이 넘는 세월 동안 탈린의 구시가지 한가운데에서 자리를 지키고 있는 북유럽 고딕 양식의 구시청사입니다. 수백 년 전의 아름다운 중세의 풍경을 그대로 간직한 이곳은 독립할 당시만 하더라도 휴대 전화 하나 없는 가난한 나라였습니다. 그런데 여행을 목적으로 떠난 에스토니아를 포털 사이트에 검색하자, 'IT'와 관련된 기사가 관광 기사만큼 많았습니다. 아이러니함에 IT와 관련된 정보를 찾을수록, 에스토니아가 기적의 나라임을 알 수 있었습니다. 인구 130만 명 정도의 작디 작은 이곳이 세계 최고의 IT강국을 꿈꾸는 한국의 경쟁 상대이자, 유럽의 IT강국이기 때문입니다. 그렇지만 탈린의 시내 중심가에서 PC방이나 전자 제품을 만드는 회사를 찾아볼 수 있는 건 아니었습니다. 그렇다면 무엇을 보고 사람들은 에스토니아를 IT강국이라고 하는 걸까요?

　　에스토니아는 '인터넷은 컴퓨터가 아닌 사람을 연결한다'라는 슬로건과 함께, 일상생활의 전자화를 시도했습니다. 에스토니아 정부는 인터넷 접근이 국민의 기본권이자 인권임을 선언하는 법률을 세계 최초로 제정하기도 했습니다. 인터넷을 기술적 측면으로 접근하는 우리나라와 달리, 사이버 공간에서도 누구나 보편적 권리를 누릴 수 있는 환경을 갖추어야 한다는 인식이 만든 법률입니다. 덕분에 에스토니아는 국토 전체가 와이파이 존Wi-Fi zone입니다. 발트해의 작은 섬까지도 사람이 갈 수 있는 곳이라면 인터넷이 연결됩니다.

에스토니아는 유럽의 실리콘 밸리로 불리기도 합니다. 지금까지 구축한 시스템과 경험으로, 디지털 서비스와 관련된 기업을 배출하는 '창업 대국'으로 성장했기 때문입니다. 세계 1위 인터넷 전화 업체 스카이프와 세계 최대 개인 간의(P2P) 국제송금업체 트랜스퍼와이즈, 세계 최초 식료품 배달 로봇 제조업체 스타십테크놀로지 등이 대표적인 회사입니다. 오랫동안 주변 강대국의 식민지배를 받다가, 독립한 지 30년 만에 IT강국이라는 수식어가 따라올 정도로 발전한 그들의 성장에 감탄이 나옵니다. 중요한 것은 이러한 고도 성장은 절대 우연이 아니라는 사실입니다. 앞서 이야기했듯, '인터넷은 컴퓨터가 아닌 사람을 연결한다'는 슬로건과 함께 일상생활의 전자화를 실현한 덕분입니다. 적극적인 정부 정책과 국민 전체의 단결력이 만든 에스토니아의 디지털 문화가 발트해의 기적을 일으킨 것입니다.

14 환한 밤을 걷는 일상, 노르웨이

산에서 내려다본 피오르

'북쪽으로 가는 길'이라는 뜻을 가진 노르웨이는 국토의 70퍼센트가 빙하와 산악 지형이기 때문에 그저 걷는 것만으로도 멋진 여행이 됩니다. 낯선 길을 따라 짜릿한 절경을 찾아다니다 보면 눈부신 자연 경관을 만날 수 있기 때문입니다. 밤에도 해가 지지 않는 백야 현상, 피오르 곳곳에 형성된 폭포가 길게 이어진 협곡을 통해 바다로 흘러가는 풍경, 아무데서나 볼 수 없는 환상적인 오로라까지… 노르웨이는 자연 그 자체입니다. 대지에서 솟은 산과 움푹 깎인 피오르는 서로를 더 깊게 또는 더 높게 만들며 조화를 이룹니다. 특히, 한여름에 태양이 지평선 아래로 내려가지 않아서 나타나는 백야 현상은 다채로운 일상을 만들어 줍니다. 퇴근 후 저녁 시간에도 트레킹이나 등반을 즐길 수 있기 때문입니다. 위도가 높은 지역일수록 밤새 해가 떠 있는 경우가 많습니다. 그래서 백야의 계절이 되면 평소의 일정과는 상관없이 그저 밖에 나가는 것이 필수적인 패턴이 되기도 합니다.

푸른빛이 가득한 노르웨이의 소도시 플롬의 풍경

가파른 산비탈을 오르내리는 등산은 우리나라에서는 중년의 취미로 여겨집니다. 그렇지만 노르웨이에서는 어린아이부터 노인까지 누구나 즐기는 일상적인 취미 생활입니다. 사실 노르웨이인들은 평등을 추구하는 삶을 살기 때문에 경쟁을 싫어합니다. 그런데 유일하게 타인과 경쟁을 하는 것이 있습니다. 바로 등산입니다. 이러한 등산 문화와 유럽에서 가장 비가 많이 내리는 날씨 덕에 노로나와 베르간스 같이 100년이 넘는 전통의 아웃도어 브랜드를 양성하기도 했습니다.

이런 추억이 떠오릅니다. 오슬로 인근에 위치한 아스카라는 작은 마을에서 예상치 못한 소나기를 만난 적이 있습니다. 그렇지 않아도 트레킹에 어울리지 않는 신발 탓에 숙소까지 돌아가는 길이 힘들었던 찰나, 우연히 마음씨 착한 아주머니를 만났습니다. 그녀는 여행자를 숙소까지 데려다 주는 친철함과 더불어 이런 말을 남겼습니다. "때 묻지 않은 정갈함이 가득한 노르웨이에서는 언제 어디서 걷게 될지 모르니 편한 신발을 신어야 한다"고 말입니다. 자연 속에서 건강한 매일을 보내는 노르웨이의 문화가 녹아든 충고라는 생각이 들었습니다. 다람쥐와 나무 그리고 노래하는 새들 사이에서 밝은 밤을 즐길 수 있는 노르웨이는 자연의 경이로움을 느낄 수 있는 나라입니다.

15

산타클로스의 마을,
핀란드의 로바니에미

흰 수염에 빨간 옷을 입고 있는 산타클로스는 크리스마스를 상징한다

한 해의 끝을 알리는 12월은 언제나 설렙니다. 괜히 마음이 들뜨는 이유는 한 해의 가장 큰 행사 중 하나인 크리스마스가 12월에 있기 때문입니다. 양말과 별 장식으로 화려한 트리와 성탄절의 이른 아침에 선물을 나눠 주는 산타클로스는 크리스마스를 상징합니다. 순록이 끄는 썰매를 타고 전 세계를 누비는 흰 수염의 뚱뚱한 산타클로스는 너그러움과 넉넉함을 대변해 줍니다. 산타클로스의 유래는 약 1700년 전, 터키의 파타라에 살았던 성 니콜라스Saint Nicholas 주

교로부터 시작되었습니다. 그는 살아생전 가난한 어부들의 보호자이자 힘없는 어린이들의 수호자였습니다. 가난한 모든 이들을 위해 헌신한 그의 이야기는 노르만족에 의해 순식간에 유럽 전역으로 퍼졌습니다. 시간이 흘러, 12세기의 프랑스 수녀들이 그의 뜻을 이어받아, 매년 12월 5일마다 가난한 아이들에게 선물을 주는 연말 풍습까지 탄생하게 되었습니다. 17세기에는 아메리카로 이주한 네덜란드인들이 자선을 베푸는 이웃의 전형을 성 니콜라스로 삼기까지 했습니다. 성 니콜라스는 네덜란드인들의 발음으로 '산테 클라스'라고 불렸고, 이 발음이 그대로 미국화되어 오늘날의 산타클로스가 된 것입니다.

산타클로스가 굴뚝을 통해 선물을 주는 것도 성 니콜라스와 관

런이 있습니다. 집안이 가난하여 결혼식을 올리지 못한 어느 자매를 돕기 위하여 몰래 지붕으로 올라가 굴뚝으로 금 주머니를 떨어트렸다는 성 니콜라스의 미담에서 파생되었기 때문입니다. 그렇지만 아이러니하게도 현재의 산타클로스 이미지는 1931년 코카콜라의 마케팅에 의해 등장했습니다. 겨울철의 매출을 높이기 위해 아이들을 사랑하는 할아버지의 이미지로 성 니콜라스를 내세운 것입니다. 날짜를 혼동하여 12월 5일이 아닌 12월 25일을 산타클로스의 날로 정하는 실수가 있었음에도 불구하고 마케팅의 효과는 대성공이었습니다. 광고 덕분에 판매량이 높아진 것입니다. 올라간 매출만큼 사람들의 머릿속에는 광고 속의 빨간 옷을 입은 뚱뚱한 할아버지가 깊이 심어지게 되었습니다.

핀란드 로바니에미에 위치한 산타의 집

그렇다면 진짜 산타클로스를 만나고 싶다면 어디로 가야 할까요? 성 니콜라스의 고향인 터키로 가야할까요, 코카콜라를 만든 미국으로 가야 할까요?

바로 북유럽의 핀란드로 향하면 살아 있는 산타클로스를 만날 수 있습니다. 북위 66도 33분 7초의 북극권을 가로지르는 로바니에미에는 산타 마을이 있습니다. 이곳이 신비한 이유는 바로 산타를 직접 만날 수 있다는 것입니다. 산타의 공식 일터인 산타 오피스에는 산타를 만나기 위해 전 세계에서 찾아온 사람들로 분주합니다.

만남 자체는 무료지만, 개인적인 사진 촬영은 금지되어 있고 마을에서 주관하는 공식 사진 촬영만 가능합니다.

'Santa is here(산타가 여기에 있어요)'이란 문구가 새겨진 문을 열고 들어가 만난 그는 수북한 흰 수염과 둥근 얼굴로 환하게 미소 짓고 있습니다. 너그러운 말투와 호탕한 웃음소리도 어린 시절의 기대감과 설렘 속의 산타클로스와 완전히 일치합니다. 비록 성 니콜라스가 북유럽인은 아니지만, 산타를 직접 만날 수 있는 로바니에미는 핀란드의 새로운 정체성을 꽃피우고 있음이 분명합니다. 한편, 1985년부터 산타클로스에게 보내는 전 세계의 우편물이 로바니에미의 산타 우체국으로 날아옵니다. 한국어 편지 역시 한국어로 정성스럽게 답장을 부친다는 점도 이곳이 산타 마을임을 확신하게 해 줍니다. 동심에 푹 빠져들게 하는 아름다운 산타 마을은 핀란드의 가장 특별한 장소이자 문화 그 자체입니다.

16 크로아티아에서 찾은
인생의 여유

천혜의 자연을 품고 있는 크로아티아의 두브로브니크는 서양의 제주도입니다. 아드리아 해의 진주라고 불리는 이곳은 자유를 신성하게 여기며, 걱정 없이 느긋한 삶을 살아가는 해안 지방의 문화를 담고 있습니다. 그들의 문화를 살펴볼 수 있는 공간은 바로 골목길입니다. 유럽 최고의 휴양지인 이곳의 골목에는 다양한 언어로 표기된 숙박 간판이 보입니다. 아드리아 해변을 따라 생긴 도시들 모두 관광이 주업이다 보니, 대부분의 주민들은 숙박업에 종사합니다.

나무를 심을 수 없을 정도로 좁고 경사진 계단 골목에서 운영 중인 카페도 참 많습니다. 바로 이 골목길의 카페가 크로아티아 사람들의 삶에 대한 자세를 엿볼 수 있는 공간입니다. 가만히 앉아서 유심히 그들의 행동을 지켜보면 '포말로pomalo'라는 인사말을 건네는 모습을 포착할 수 있습니다. 크로아티아 사람들은 포말로라는 표현을 아주 많이 사용합니다. 영어로는 'Relax', 'Slow down'으로 해석할 수 있고, 한국어로는 '천천히 여유를 가져라'는 의미로 설명됩니다. 포말로는 단순한 인사말이 아니라 크로아티아 사람들의 삶에 대한 철학과 정신이 응축된 단어입니다. 그런 이유에서 포말로 하나만 알더라

두브로브니크의 붉은 지붕

도 크로아티아를 알 수 있습니다.

가령, 아이스크림을 주문한 뒤 금액이 맞지 않아 우왕좌왕하며 잔돈을 급하게 찾으면 이곳 사람들은 어김없이 포말로를 외칩니다. 일이 풀리지 않는 경우, 커피 한 잔의 여유를 통해 해결책을 찾기도 합니다. 자유를 추구하는 크로아티아 사람들은 스트레스로 인해 자유를 침해받는 것을 싫어하기 때문입니다. 한마디로, 문제라고 여기는 일도 한 발자국 뒤로 물러나서 천천히 되짚어 보면 쉽게 해결할 수 있습니다. 그리고 이 사실을 크로아티아인들은 이미 알고 있습니다. 잘 생각해 보면 우리나라에도 '급할수록 돌아가라'라는 격언이 있습니다. 인생을 살아가다 보면 사소한 일이더라도 때론 급하게 '빨리빨리' 하다가 일을 망치는 경우가 있습니다. 동서양을 막론하고 천천히 사는 것은 인생에서 가장 중요한 지혜입니다. 에메랄드빛 바다가 넘실대는 황홀한 해변과 중세의 숨결을 품은 두브로브니크에서 경험한 포말로는 오랜 세월 동안 그들이 실천하고 있는 삶의 지혜입니다.

골목길의 카페

17 전 세계의 유일한 새해 문화,
러시아의 크리스마스

    모두의 마음을 설레게 하는 크리스마스가 12월 25일이 아닌
1월 7일인 나라가 있습니다. 시베리아를 품고 있는 러시아입니다. 국
민 대부분이 러시아 정교회를 믿기 때문에 새해가 지난 1월 7일에
크리스마스를 기념합니다.

    정교회에서는 일반적인 그레고리력이 아닌, 율리우스력을 전통적

으로 사용합니다. 율리우스력은 그레고리력보다 매년 11분씩 늦기 때문에, 현재까지 약 13일이라는 시간이 차이납니다. 그래서 개신교나 가톨릭의 성탄절인 12월 25일보다 13일이 늦은 1월 7일이 크리스마스입니다. 그렇지만 이곳에서는 종교적인 의미가 강한 크리스마스보다 '새해 기념일'이 더 축제답고 떠들썩합니다. 따라서 크리스마스를 기념하여 선물을 주고받는 전 세계인들과 달리, 러시아인들은 새해를 더 축하합니다. 러시아에서는 1월 1일부터 크리스마스(1월 7일)를 포함하여 8일까지 신년 휴가 기간을 보냅니다. 응급 서비스와 상점 및 호텔은 일을 하지만, 대부분의 회사원들과 공무원들은 휴식을 취합니다.

붉은 광장에서 펼쳐지는 새해 명절

러시아의 새해 명절에는 여러 가지 특징들이 있습니다. 우선, 대표적으로 어린이들을 위한 '욜까의 날'이 있습니다. '욜까'란 신년목(새해나무)를 뜻하는데, 우리에게는 크리스마스 트리로 친숙합니다. 어린이부터 성인에 이르기까지 모두가 어우러져 즐기는 욜까의 날에는 갖가지 예쁜 액세서리로 장식한 신년목 주변을 돌며 춤을 추고 시를 읊으면서 기쁨의 새해를 희망합니다. 욜까의 날이 끝나면 아이들은 '제트 마로스'를 기다립니다. 서릿발을 형상화한 문양이 새겨진 옷을 입은 그는 러시아에서 산타클로스에 해당하는 존재입니다. 파란 망토를 두르고 하얀 턱수염을 기른 그는 건드리기만 하면 무엇이든 얼음으로 변하게 만드는 지팡이를 항상 가지고 다닙니다. 그는 손녀인 눈아가씨(스네구로치카)와 함께 세 마리의 흰색 말이 끄는 썰매를 타고

제트 마로스와 눈 아가씨

선물을 나눠 줍니다. 맛있는 사탕과 과자가 들어 있는 선물로 나눔의 기쁨을 만끽하는 제트 마로스 덕분에 러시아에서는 새해 선물을 하는 풍속이 이어지고 있습니다.

세뱃돈을 주고받으며 복을 기원하는 우리나라의 문화처럼, 러시아에서는 새해를 앞둔 12월 31일 새벽에 가족과 친구, 이웃끼리 함께 선물을 주고받으며 기쁨을 나눕니다. 서로가 서로의 제트 마로스가 되어 주는 것입니다. 또한, 우리나라에서는 나이를 한 살 더 먹는 의미로 떡국을 먹으며 새해를 기념하는 문화가 보편적이지만, 러시아에는 소고기와 돼지고기 그리고 통닭구이를 감자와 곁들어 먹는 새해 식문화가 있습니다. 그 외에도 러시아인들의 주식인 흘레브(빵)에 오이, 양배추, 절인 토마토, 연어알을 올려 먹는 것도 빠지지 않는 새해 명절 음식입니다. 하지만 뭐니 뭐니 해도 러시아에서 알코올이 빠질 수 없겠죠? 한국에서는 아주 특별한 날에만 즐기는 샴페인이 러시아의 새해 명절에는 절대 빠져선 안 될 대표적인 술입니다. 한편, 이러한 문화 덕에 러시아의 수도 모스크바의 겨울은 크렘린이나 굼 백화점 그리고 붉은 광장에 수많은 인파가 몰립니다. 커다란 욜까와 가랜드 장식으로 이루어진 크리스마스 시장 속에서 행복한 시간을 보내기 위해서입니다. 달라도 너무 다른 러시아의 크리스마스는 새해에 이루고 싶은 소원을 비는 사람들로 가득합니다.

18 서양 판타지의 전신, 북유럽 신화

세계 3대 신화 중 하나인 북유럽 신화는 그리스 신화와 이집트 신화에 비해 아주 낯설게 느껴집니다. 스칸디나비아 신화라고도 불리는 북유럽 신화는 오늘날의 덴마크, 스웨덴, 노르웨이, 아이슬란드 그리고 북부 독일에 살았던 노르드인들의 종교와 신앙, 전설 등을 일컫는 것입니다.

북유럽 신화도 다른 신화들과 마찬가지로 텅 빈 우주에서 시작되는 창조 신화입니다. 북쪽의 민족들은 세상에 아홉 개의 세계가 있다고 믿었습니다. 마블의 세계관에서도 등장하는 토르의 아버지, 오딘이 다스리는 아스가르드 역시 그중 하나입니다. 오딘은 그리스 신화의 제우스처럼 북유럽 신화 최고의 신입니다. 오딘과 토르 그리고 다양한 종족 이외에도 상호 작용하는 인물들이 많이 등장합니다. 이들은 그리스 신화의 신들처럼 때로는 친구가 되고, 때로는 가족이나 원수가 되기도 합니다.

물론 대조되는 부분도 있습니다. 우아하고 인간미 넘치는 그리스 신들과 달리 북유럽의 신들은 호쾌하지만 어둡고 비극적입니다. 신화가 발원한 장소의 기운이 다르기 때문입니다. 신화는 항상 그곳에

사는 사람들의 문화를 담고 있습니다. 온화한 날씨의 지중해를 곁에
둔 그리스는 아름다운 미의 여신 아프로디테와 같은 신들을 믿었습
니다. 반면에 혹독한 자연과 매서운 겨울이 한 해의 절반을 차지하
는 북유럽의 신들은 게르만족의 운명을 잘 반영하고 있습니다. 식량
이 넉넉하지 않은 환경 탓에, 바이킹의 약탈에서도 자유롭지 못했습
니다. 그런 이유에서 북유럽 신화는 사랑보다는 전쟁 또는 휴전에 대
한 이야기를 담고 있습니다. 더군다나 영생을 얻고 환생을 일삼는 그
리스의 신들과 달리, 북유럽 신화의 신들은 라그나뢰크Ragnarök라
는 종말을 맞습니다. 냉혹한 땅에 살던 게르만족에게 안락한 삶보다

는 영광스러운 죽음이 더 중요한 덕목이었기 때문에 비극적인 결말을 맞이한다고 볼 수 있습니다. 하지만 이처럼 비극적인 세계관이 북유럽 신화의 매력입니다. 다른 신화들과 차별적이기 때문이죠.

　환경적인 차이는 신들의 능력에도 영향을 미쳤습니다. 그리스 신화의 제우스처럼 전지전능한 신이 북유럽 신화에는 없다는 것입니다. 힘이 세지만 우둔한 토르, 지혜롭지만 물리적 능력이 약한 오딘, 사악하지만 영리한 로키는 다른 신화와 구분되는 특징입니다. 이는 게르만족의 거친 생존 방식 속에서 표현된 심성적 측면이 반영된 것입니다. 사실 북유럽 신화는 생각 이상으로 대중문화 곳곳에 스며들어 있습니다. 서구권의 판타지 세계관에서 찾아볼 수 있는 북유럽 신화의 요소는 대표적으로 엘프와 늑대인간, 난쟁이 등이 있습니다. 영화 〈반지의 제왕〉에 등장하는 인물들이나, 마블 시리즈에서 망치를 휘두르는 천둥의 신 토르가 일반적으로 쉽게 접할 수 있는 북유럽 신화의 존재입니다. 그러나 대부분 재가공된 요소들이 많기 때문에, 오리지널 신화와는 동떨어진 감이 있습니다. 그 이유는 북유럽이 기독교 사회가 되어 공식적인 기록이 많이 남아있지 않고, 대부분 구전으로 전해졌기 때문입니다. 하지만 이러한 생소함 덕분에 사람들이 흔히 접하는 그리스 신화에 비해 열린 해석이 가능하고, 오히려 더욱 신비롭게 느껴집니다.

제2부

—————

낯설지만
그리운 중동

01 낙타는 생존이다, 아랍

사막의 이미지는 황량하고 무덥고 물이 없어 생명을 위협하는 땅입니다. 동양인들에게는 이러한 이미지가 보편적으로 떠오르지만, 아랍인들에게 사막은 단순히 삶을 살아가는 터전입니다. 사막이 많은 아라비아반도에서 생활의 반려자인 낙타는 아랍인들에게 물만큼 소중한 존재입니다. 어떻게 동물이 물처럼 중요하냐고 생각할 수도 있습니다. 하지만 사막의 경우는 조금 다릅니다. 생명 그 자체인 물은 어떤 대륙에서든 필요한 자원이지만, 사막에서 살아남기 위해서는 무

엇보다 낙타가 필요하기 때문입니다.

지역의 환경과 종교 그리고 문화에 따라 동물에 대한 선호도가
달라집니다. 몽골에서는 말, 중앙아시아에서는 양, 중국에서는 돼지
를 사육하듯이 아랍에서는 낙타가 각광을 받습니다. 왜 그런 것일까
요? 가축 사육을 결정하는 요소로는 수송과 이동, 의식주, 전쟁 수행
등이 고려됩니다. 몽골의 경우만 보더라도 이동을 돕고 전쟁을 보조
하며, 때로는 식량이 되었던 말 덕분에 아시아에서 유럽까지에 이르
는 광활한 제국을 이룰 수 있었습니다. 유목 사회인 아랍이라고 달랐
을까요? 낙타는 400킬로그램 이상의 짐을 싣고 수백 킬로미터를 이
동할 수 있는 놀라운 수송력을 자랑합니다. 오아시스 생태권에서 가

여전히 유목 생활을 하고 있는 베두인

장 중요한 것은 생존이기 때문에, 뜨거운 사막을 횡단하는 아랍인들에게 낙타는 동반자가 될 수밖에 없었습니다.

사막의 동반자인 낙타는 풍부한 젖과 양질의 고기를 공급하기도 합니다. 낙타 한 마리를 잡으면 5인 가족이 매일 2킬로그램의 고기를 소비한다고 해도 3~4개월을 버틸 수 있었습니다. 따라서 연기에 그을려 훈제를 만들거나, 뜨거운 모래 구덩이에 묻어 발효시키거나, 건조시켜 육포를 만들었습니다. 보존 식품이 유목 사회에서 발전하여 세계로 퍼져나간 것은 이 식문화에서 비롯되었다고 볼 수 있습니다. 이 외에도 낙타의 털로 카펫이나 깔개를 짜고, 가죽으로는 텐트와 신발 그리고 옷을 만들었습니다. 심지어 낙타의 오줌을 샴푸로 사용하기도 했습니다. 지금도 일부 베두인족은 낙타의 오줌이 머릿결과 몸에 좋다고 생각하여 씻거나 마시기도 합니다. 이러한 전통은 물이 귀한 생태 환경에서 물로 세수나 빨래를 하는 행위가 자연에 대한 도전이라고 여겼기 때문에 생겨난 것입니다. 현재는 발전이 많이 이루어져, 물이 공급되는 도시에서는 사라진 문화이지만 아직도 고립된 오아시스에서 살아가는 사람들에게는 이런 삶의 지혜가 이어져 내려오고 있습니다.

유목과 오아시스 농경이라는 경제적인 구조상, 아랍인들에게 부족간 혹은 국가간의 교역은 필수적이었습니다. 필요한 물자를 공급하

는 교역로는 때때로 침략의 길이 되기도 했습니다. 어떤 경우라도 그 통로를 지나기 위해서는 낙타와 함께여야 했습니다. 한마디로 낙타가 없는 교역이나 전쟁은 있을 수 없는 일이라는 말입니다. 척박한 유목 환경과 약탈에 노출된 불안한 생활의 동반자가 되어 준 낙타는 생존 그 자체라고 볼 수 있습니다.

02 아랍인들의 삶의 중심, 수크

수크souq는 아랍의 전통시장입니다. 아랍의 어디에서든지 만날 수 있는 수크의 특징은 수백 년이 지난 오늘 날까지 문화적 전통이 이어져 내려오고 있다는 것입니다. 각양각색의 다양한 물품을 판매하는 아랍만의 분위기와, 시장에서 행하는 신앙과 의례 그리고 가격 흥정이라는 매력을 느낄 수 있는 곳이 바로 수크입니다. 중세의 향기를 풍기며 과거를 그대로 반영하고 있는 수크는 낯선 곳에 대한 호기

아라비안나이트를 떠올리게 하는 수크 와키프의 밤

심과 낯선 상품에 대한 소유욕으로 이방인을 자극합니다.

수크는 아랍인의 생활에서 빼놓을 수 없는 공간이기 때문에, 아무리 현대화의 바람이 거세더라도 흔들림이 없습니다. 특히, 2022년 월드컵을 개최하는 카타르의 수도 도하에 위치한 수크 와키프는 '멈춰 있는 시장'을 뜻합니다. 도하가 오랜 세월 동안 세계의 상인들이 오고갔던 항구이기 때문에 전해져 내려오는 이름입니다. 유목민이었던 베두인족이 사막 생활에서 필요한 물자를 구하기 위해 양고기와 유제품, 양털 등을 낙타에 싣고 와서 교류을 했던 것이 수크 와키프의 시초가 되었습니다.

수크 와키프의 사람들

무더운 날씨 때문에, 아랍권의 모든 수크는 오후 12시부터 4시까지 휴식 시간을 가집니다. 그런 이유에서 밤의 수크는 한적한 낮과 달리 사람들로 인산인해를 이룹니다. 도망치지 않는 매와 앵무새, 토

끼 등이 있는 동물 시장과 함께 펼쳐지는 수크 와키프는 마치《아라비안나이트》를 떠오르게 합니다. 노래를 부르며 호객행위를 하는 사내들과 쇼핑을 즐기는 사람들 그리고 그들을 반갑게 맞이하는 상인들 덕분입니다. 미로 같은 수크의 좁은 골목길에서 쉴 새 없이 부닥치는 몸을 피하며 발걸음을 옮기다 보면 노란 조명 아래의 '가격 흥정'을 목격할 수 있습니다. 긴장감 속에 구매를 포기하고 떠나려는 사람을 붙잡은 점원은 물건을 던지듯이 건네주며 기나긴 흥정의 결과물을 만들기도 합니다. 수크에서는 흥정에 투자한 시간과 끈기에 비례하여 가격이 이루어집니다. 가게를 들어가는 순간부터 나오는 마지막 순간까지 흥정의 끈이 팽팽하기 때문입니다.

아랍의 정서를 느낄 수 있는 수크의 풍경

흥정은 와키프뿐만 아니라 오만의 무트라, 쿠웨이트의 무바라키야에서도 찾아볼 수 있습니다. 이처럼 아랍 곳곳에서 수백 년간 살아 숨 쉬는 수크는 인간의 가장 본질적인 내면을 시험하는 장소이기도 합니다. 그 순간만큼은 문화와 인종이 다른 것은 의미가 없습니다. 그저 누군가는 최대한 값비싸게 팔고 싶은 욕심, 누군가는 최대한 값싸게 사고 싶은 충동을 가지기 때문입니다. 가장 아랍적인 정서가 녹아있는 수크는 아랍에 대한 전반적인 이해를 쉽게 할 수 있는 문화 공간입니다.

03 인종 차별이 문화가 된 곳, 쿠웨이트

매일을 열심히 살아가는 외국인 노동자들

쿠웨이트를 여행하다 보면 동양인에 대한 시선이 좋지 않음을 자연스럽게 느낄 수 있습니다. 대기표를 뽑고 순서가 왔음에도 불구하고 자신들의 대화를 지속하거나, 길을 물어보면 인상을 찌푸리거나 비웃듯이 속닥이며 손가락질을 하는 경우가 참 많습니다. 이는 아시아인에 대한 경멸 문화에서 비롯된 행동들입니다. 이런 이상한 문화의 시작은 수십 년 전, 쿠웨이트의 급격한 경제 성장부터입니다. 인도, 방글라데시, 스리랑카, 필리핀, 파키스탄 같은 남아시아의 사람들은 성공을 꿈꾸며 쿠웨이트로 이주하였고, 청소부와 운전사 등으로 근무했습니다. 석유로 인한 갑작스러운 경제 성장으로 부유함만을 느끼고 살아온 쿠웨이트의 젊은 사람들은 자연스럽게 3D 업종에 종사하는 아시아인들을 하급 계층이라고 인식하는 것입니다.

아랍에서는 아시아계 노동자를 쉽게 만날 수 있다

　석유로 성장한 쿠웨이트는 한때 세계에서 가장 잘사는 나라였습니다. 그러한 성장을 바탕으로 쿠웨이트의 국민은 무상 교육과 무상 의료 그리고 주택과 생활비 혜택까지 받습니다. 문제는 이 모든 부의 혜택은 철저히 쿠웨이트인에 한정된 것입니다. 순수 혈통의 쿠웨이트인보다 더 많은 이주민들이 그들을 위해 손과 발이 되어 주지만, 숱한 차별 대우와 빈부 격차를 고스란히 안은 채 살아가고 있습니다.

잘살고 못살고를 떠나, 이처럼 인종 차별이 극심한 나라는 최소한 유라시아에서 찾아볼 수 없을 정도입니다. 최근 쿠웨이트에서는 충격적인 사건이 있었습니다. 아파트 7층에 매달려 살려달라고 외치던 아프리카계의 가정부를 집주인이 외면하여 결국 추락한 것입니다. 심지어 가정부를 조롱하기 위해 자신이 촬영한 영상을 버젓이 SNS에 게재할 만큼, 쿠웨이트에서 인종 차별은 그들만의 문화가 되어버렸습니다.

케냐와 인도에서 꿈을 품고 온 사람들

수치심을 선물해 준 쿠웨이트를 떠나, 이웃 국가인 바레인에 도착하자 따가운 시선이 덜 했습니다. 그곳에서 쿠웨이트 근무 경력이 있는 케냐 출신의 노동자와 우연히 대화를 하였습니다. 푸드트럭을 운영하고 있는 그가 소개한 중동은 쿠웨이트에서 느낀 감정을 통해 공감하기 충분했습니다. 아랍권에서 사업을 하는 다수의 사장들은 남아시아와 아프리카에서 온 노동자들의 여권을 무기로, 노동 착취에 폭행까지 서슴지 않는다고 했습니다. 사막에 설치된 천막에서 회사 버스로 출퇴근을 했지만, 4개월 동안 월급을 받지 못하여 바레인으로 이주한 본인의 경험도 말해 주었습니다. 외국인 노동자에 대한 처우가 괜찮은 곳은 두바이와 바레인뿐이라던 그에게 궁금증이 생겼습니다. 수많은 노동자들이 차별 대우를 겪으면서까지 중동에 머무는 이유였습니다. 그는 하루 빨리 가족들의 생활비와 저축할 돈을 모아 고향으로 돌아간 다음, 자신의 꿈을 펼치기 위해서라고 했습니다. 누군가에겐 꿈의 땅이 누군가에겐 인종 차별이란 횡포를 부릴 수 있는 문화권이라는 것이 참 아이러니한 순간이었습니다.

04 무슬림 삶의 중심, 모스크는 어떤 곳일까?

유럽 여행에서 교회를 꼭 방문하듯이, 중동 여행에서 빼놓을 수 없는 모스크는 어떤 곳일까요? 모스크는 이슬람교를 믿는 무슬림들에게 삶의 중심지이자 쉼터입니다. 이런 이유 때문에 이슬람을 국교로 하는 나라라면 어디든지 동그란 지붕과 뾰족한 첨탑으로 이루어진 인상적인 모스크를 만날 수 있습니다. 이슬람교는 기독교와 아주 유사한 종교입니다. 두 종교 모두 유일신을 뿌리로 한 신앙심을 가지고 있으며, 아브라함을 공통 조상으로 하는 것과 구약에 나오는 선지

오만에서 가장 큰 술탄 카부스 그랜드 모스크

자들을 추앙하는 모습도 비슷한 양상을 띕니다. 그저, 예수 그리스도의 신격화에 대한 갈등이 본질적으로 두 종교의 갈래를 만든 것입니다. 한마디로 성경의 하느님은 곧 무슬림들이 믿는 알라와 동일한 신입니다.

모스크를 처음 마주하면 '아, 여기가 아랍이구나!'라는 생각이 확 듭니다. 그렇지만 모스크에 입장할 때에는 철저한 복장 규정이 있습니다. 여자의 경우는 머리카락은 물론, 팔이 약간 보이는 것조차 금지합니다. 다행인 점은 사원 앞에서 무료로 머리 가리개나 전신 가운을 빌려 준다는 것입니다. 남자도 예외 없이 신체를 가려야 합니다. 여자처럼 머리를 가리지는 않지만, 반바지나 반팔을 입고 입장하는 것은 불가능합니다. 더운 중동에서 이렇게 여러 겹의 옷을 입어야 한다는 것이 답답할 수도 있지만 타 문화권을 존중하는 예의를 꼭 갖춰야 합니다. 모스크에 입장하기 위해서는 신발도 벗어야 합니다. 이것이 자연과 접촉하는 방법이라 여기기 때문입니다. 시원한 대리석 위를 걸으면 열기가 올랐던 발바닥이 시원해져 기분이 좋습니다. 이때, 발로 사람을 가리키는 행위는 무례한 것으로 여기기 때문에 주의해야 합니다.

모스크를 이리저리 걷다 보면 많은 신자들이 바닥에 앉아 있거나 누워서 쉬는 풍경을 볼 수 있습니다. 이러한 행위는 이슬람교의 창시자인 마호메트부터 내려오는 관습입니다. 그래서인지 어느 나라의 모스크든 실내가 단출합니다. 신의 형상을 세우지 않고, 기도하며 쉴 수 있는 넓은 공간만이 있을 뿐입니다. 절과 교회처럼 인물 혹은 동식물을 주제로 그려진 벽화는 찾을 수 없습니다. 아랍 문화권에서는 살아있는 것 그 자체가 아름답기 때문에 군이 장식으로 표현하지 않는다고 합니다. 굉장히 심오하면서도 한편으로는 놀라운 발상이 아닐 수 없습니다. 보통 아름답다고 느껴지는 대상을 예술적으로 표현하고 싶은 것이 인간의 욕심이기 때문입니다. 그렇다면, 무슬림들의 모스크 실내에는 도대체 무엇이 있을까요?

종교적 의식에만 집중할 수 있도록 코란이 있습니다. 코란은 이슬람교의 경전으로, 무슬림의 삶을 주도하는 규율 그 자체입니다. 코란에는 다섯 가지의 절대 의무가 있습니다. 그것은 신앙 고백, 기도, 자선, 금식(라마단), 성지 순례입니다. 무슬림들은 하루에 다섯 번, 사우디아라비아 메카의 카바 신전을 향해 기도합니다. 금요일을 휴일로 하는 황당한 문화도 바로 금요일 기도 시간 때문에 생겼을 정도입니다. 그런 이유에서 대부분의 모스크는 무슬림이 아니면 출입 자체를 금지하거나 금요일을 제외한 날에만 관광객들의 입장을 허가합니다. 입장을 허가하는 모스크는 타 문화권 사람들에게 이슬람 문화의 이해를 돕기 위해서입니다. 무슬림들에게 삶의 중심이 되는 모스크에서 바라본 풍경은 이방인의 긍정적인 호기심을 자극시켜 줍니다. 종교는 사람들의 정신과 문화를 지배하기 때문에, 그들이 믿는 종교적 공간을 경험하는 것은 그들의 삶에 한 발자국 더 다가가는 것을 의미합니다. 무슬림처럼 모스크 바닥에 주저앉아 취했던 휴식은 아랍 문화에서 빼놓을 수 없는 시간입니다.

05 커피, 이슬람의 음료에서 세계의 문화로

커피로 점을 치는 타시오그래피Tasseography 문화를 가진 그리스, 보드카와 잼을 넣은 커피를 마시는 러시아, 야외 카페 문화를 탄생시킨 프랑스, 코코아 파우더를 섞어 커피를 즐기는 이탈리아 등 커피는 유럽인들의 일상 그 자체입니다. 그래서인지 커피를 떠올리면 사람들은 으레 유럽의 멋쟁이들이 에스프레소 한 잔을 즐기는 장면을 떠올리곤 합니다. 그렇지만 커피의 본토는 동아프리카의 에티오피아입니다. 원래 커피는 우리가 흔히 아는 음료가 아니라, 야생의 열매 그대로 섭취했다고 합니다. 그렇다면 도대체 언제부터, 누구에 의해서 커피가 음료로 취급되었을까요? 그것은 아라비아반도로 건너온 커피를 액체 형태로 추출하여 물에 넣어 마셨던 이슬람교의 신비주의자로부터였습니다. 오랜 시간 명상과 각종 의식을 치루는 그들에게 커피 속에 함유된 카페인이라는 신비로운 효능은 잠을 쫓아주는 최고의 음료였습니다. 수행자의 졸음방지제와 의사의 약재로 쓰였던 커피는 시간이 흐를수록 특권층의 사치품으로 변했고, 이슬람을 상징하는 음료로 성장했습니다.

커피와 와인은 각각 이슬람교와 기독교를 대표하는 기호 음료였습니다. 그러나 무슬림들은 사람을 취하게 만드는 와인을 혐오했습니다. 이성과 절제를 추구한 그들에게 커피는 와인을 대체할 완벽한 음료였습니다. 오죽하면 가브리엘 대천사가 이슬람의 창시자 마호메트에게 커피를 선물해 주었다는 전설까지 생겼습니다. 이 무렵, 유럽에서는 커피를 이교도가 마시는 '악마의 음료'로 간주했습니다. 와인은 하느님이 주신 선물이자 예수의 피를 상징하기 때문에, 시커먼 커피를 받아들일 수 없었던 것입니다. 그러나 아랍세계를 오가던 유럽의 외교관들이 임기를 마치고 본국으로 돌아갈 때쯤이면 이미 커피 없이는 살 수 없는 중독자가 되었고, 조금씩 커피 문화가 유럽으로 흘러들게 되었습니다. 유럽 사회에서 커피의 정착은 순조롭지 않았습니다. 포도 재배인들과 의사들의 반발 그리고 격렬한 종교적 논쟁 때문

이었습니다. 하지만 커피에 대한 사람들의 갈망을 막을 수 없었고, 교황이 직접 커피를 마신 후에는 기호 식품으로 인정받을 수 있었습니다. 종교적 걸림돌 없이 누구나 커피를 즐길 수 있는 세상은 일상이 술이었던 유럽의 역사를 바꾸는 전환점이 되었습니다.

현대 사회에서는 가까운 지인들과 담소를 나누거나, 홀로 생각의 시간을 가질 때에도 커피가 함께 합니다. 소수가 마시는 음료가 아니라, 누구나 즐기는 문화로 자리잡은 것입니다. 커피를 국제화시킨 아랍 땅에서도 마찬가지입니다. 아랍 어디서나 커피를 마실 수 있는 커피하우스를 찾을 수 있습니다. 식어버린 커피잔을 탁자에 놓아 두고 지나가는 사람들을 응시하거나, 친구들끼리 일상을 보내거나, 물담배를 피우는 풍경이 가게를 지배합니다. 또한, 전통적인 환대의 표현으로 접대 문화에 빠지지 않는 커피는 우리나라의 밥상 문화와 비슷합니다. 한 그릇의 밥을 다 비우면 "밥 더 줄까?"라고 물어보는 것처럼, 잔을 비우기 무섭게 연이어 커피를 권유합니다. 여기에는 또 하나의 깊은 뜻이 있습니다. 중동에서 커피를 제공했을 때 한 모금도 마시지 않는 것은 그 사람에게 얻고 싶은 것이 있다는 것을 의미합니다. 그렇기 때문에 그들과 친구가 되고 싶다면 커피를 마시고 존중을 표현해야 합니다. 단순하게 생각했던 커피에 담긴 수많은 이야기는 얽히고설킨 역사뿐만 아니라 중동의 문화를 이해할 수 있는 파랑새가 되어 줍니다.

06 이슬람의 식문화, 할랄과 하람

아랍의 음식은 크게 고기와 유제품 그리고 빵으로 이루어집니다. 절제의 삶을 살아가는 이슬람교도들의 식사는 유럽처럼 따로 코스가 정해져 있지는 않지만, 세 가지 요소 속에서 다양함을 추구합니다. 그들은 주로 사막에서 생활했기 때문에 여러 도구와 식재료를 사용하지 않고 간편하게 먹는 방식을 선호했습니다. 육류는 대개 양고기와 닭고기를 사용하여 조리합니다. 가끔 낙타 요리를 먹기도 하지만 일상에서 흔한 요리는 아닙니다. 유제품으로는 요구르트와 더불어 양젖과 낙타 젖으로 빚은 수백 가지의 치즈가 있습니다. 빵은 두꺼운 바게트부터 뜨거운 화덕에 밀가루 반죽을 납작하게 구운 난nân을 주로 먹습니다.

여기서 가장 중요한 것은 무조건 할랄halal 제품이어야만 한다는 것입니다. 할랄이란 아랍어로 '허용되는 것'이라는 의미로, 종교적 절차에 따라 도살된 고기를 뜻합니다. 이슬람교는 동물도 신의 창조물이기 때문에 신의 허락없이 불필요하게 살생하는 것을 금지합니다. 단지 식량을 얻기 위해서나 자신을 보호하기 위해서만 동물을 죽일 수 있습니다. 이는 이슬람교도에게 대단히 중요한 삶의 규칙이므로, 절차를 거치지 않은 고기는 절대 먹지 않습니다. 할랄 제품은 꼭 고기에 한정되어 있지 않고, 빵이나 우유 그리고 시리얼 같은 식품에도 적용됩니다. 그런 이유에서 이슬람교도들은 할랄 인증 마크가 없는 식당은 들어가지 않는 것은 물론, 마트에서 식료품을 살 때도 할랄 인증 마크를 꼭 확인합니다. 우리나라의 과자 중에서는 빼빼로와 콘칩이 할랄 푸드에 포함되어 있습니다.

그렇다면 하람haram은 무엇일까요? 하람은 할랄과 반대로 '허용되지 않는 것'을 의미합니다. 하람으로 규정된 식품은 돼지로 만든 음식과 동물의 피로 만든 음식 그리고 알라의 이름으로 도축되지 않은 고기입니다. 메뚜기를 제외한 모든 곤충도 먹어서는 안 됩니다. 음식에 대해 이렇게 까다로운 이유는 이슬람의 음식 계율이 샤리아를 따르기 때문입니다. 샤리아는 '지켜야 할 것'이란 옛 아랍어에서 기원한 것으로, 이슬람교도라면 누구나 복종하고 따라야 하는 '신의 뜻에 따른 올바른 삶의 방식'입니다. 한 끼 식사마저도 종교적 의미가 부여된 아랍의 음식은 맛을 추구하는 여행자에게는 다소 아쉬울 수 있지만, 한편으로는 평생동안 신의 뜻을 믿고 따르는 이들의 삶을 느낄 수 있는 고결한 문화입니다.

07 이슬람은 여자를 무시한다?

로마 제국의 흔적이 고스란히 남아있는 요르단의 제라쉬를 함께 여행한 진미

　요르단의 수도 암만을 여행하던 중, 요르단 대학교에서 한국어를 공부하는 학생과 함께 시간을 보낼 수 있는 기회가 있었습니다. 한국어 말하기 대회에서 1등을 할 만큼 유창한 한국어를 구사하던 그녀의 이름은 진미. 그녀는 무슬림의 일상과 아랍 여성에 대한 편견을 깨트려 주었습니다. 보통 이슬람 사회에서 여성에 대한 차별이 있

다는 인식이 강합니다. 외출할 때마다 온몸을 가려야 하거나, 유산을 남성에 비해 적게 받거나, 불륜을 저지르면 처형을 당하는 차별적인 전통과 관습이 분명히 있습니다. 하지만 진미는 여성이 억압받는다는 인식은 이슬람에 대한 일방적인 시각이라고 말했습니다.

척박한 땅에서 살아가는 유목 사회에서 여성의 생산 활동과 생계는 제한적이기 때문에 생존을 위해 가부장적 사회가 성행했고, 그것이 이슬람 사회에서 남아 선호 사상이 강해진 이유였습니다. 남아의 출생은 노동력의 증가와 군사 확보 그리고 가계의 승계 등 다양한 의미를 가지기 때문입니다. 한마디로 여성의 남성 의존과 일부다처제 그리고 남아 선호와 같이 여성을 차별하는 풍습은 이슬람의 문제가 아닌 아랍의 유목 사회가 가진 특성이라고 볼 수 있는 것입니다. 그저 아랍인들의 토착적인 관습이 이슬람교의 모습으로 각인된 것일 뿐이었습니다. 또한 진미는 온몸을 가리는 차도르와 머리를 가리는 히잡은 여성의 인권을 낮추는 것이 아니라 교양과 신분을 갖춘 여성의 상징이라는 말과 함께, 중동이란 땅에 깊게 내린 문화를 설명해 주었습니다.

진미는 코란에서 '남녀는 모두 평등하고 자유롭다'라는 가르침이 있다고 말했습니다. 세계화에 따라 다양한 문화 교류가 가능한 요즘은 여성의 사회 진출이 과거와 달리 활발합니다. K-POP 문화는 그

요르단 대학교에서 한국어를 공부하는 그녀들

녀가 한국어과로 진학하는 데 결정적인 계기가 되었다고 합니다. 진미의 꿈은 한국에서 K-POP 스타들을 만나고 직장을 가지는 것이기 때문입니다. 꿈을 꾸고 살아가는 그녀는 이슬람 여성의 삶에 대한 편견을 깨트려 준 선생님입니다. 이슬람 사회의 전통을 지키고 풍기 문란을 방지한다는 명분을 내세워 여성에게 다양한 규제가 따르는 것은 분명한 사실이지만, 종교적 가치관과 풍습이 다르다고 해서 무조건 매도하는 것은 바람직하지 않다는 깨달음을 얻었기 때문입니다.

08 전쟁의 상흔으로 가득한 레바논

중동의 파리라고 불리는 레바논의 수도 베이루트의 야경

중동의 파리라고 불리는 레바논은 이스라엘과 시리아 그리고 지중해로 둘러싸인 나라입니다. 아랍 국가들의 외교적 분쟁이 잦기 때문에, 한국인은 육지로 레바논의 국경을 넘을 수 없습니다. 입국을 할 수 있는 유일한 경로는 항공편뿐입니다. 그런데 레바논의 입국 심사는 생각보다 간단합니다. 조건이 까다로운 다른 아랍 국가들과 달리, 무비자로 입국이 가능하기 때문입니다. 한 가지 주의할 점은 이스라엘은 레바논의 출입국 기록이 있더라도 입국할 수 있지만, 레바논은 이스라엘의 출입국 기록이 있으면 절대 입국을 허가하지 않습니다. 앞서 말했듯이 잦은 분쟁이 원인입니다. 아랍 에미리트를 경유하여 방문할 수 있는 레바논의 베이루트 국제 공항은 택시로 가득합니다. 버스나 지하철 같은 대중교통이 없기 때문입니다. 1~2달러로 미니밴을 탑승하여 시내로 갈 수 있지만, 목적지와 정반대인 엉뚱한 곳에서 내려 줄 위험이 높습니다. 안전하게 숙소에 도착하기 위해서는 산타클로스처럼 턱수염을 기른 사내들의 호객 행위에 이끌려 택시를 탑승하는 방법이 최선입니다.

골목마다 마주하게 되는 군인들의 초소

레바논의 첫인상은 상당히 좋지 않았습니다. 한 나라에서 처음으로 만나는 사람의 인상이 그 나라의 얼굴이 되어 주는데, 레바논의 경우는 택시 기사의 바가지 요금이 문제였습니다. 그와 말다툼을 벌인 장소는 숙소 입구의 주차장에서였습니다. 분명히 15달러에 흥정을 했지만, 도착한 뒤에는 20달러를 요구하는 겁니다. 혹시나 생길 위협이 두려워서라도 말다툼은 이내 타협점을 찾는 방향으로 흘러갔고, 18달러를 그의 손에 쥐어 주었습니다. 도착한지 얼마 지나지 않아 이런 사소한 문제로 기분이 상하니, 레바논에 대한 인상이 나빠졌습니다. 부정적인 감정을 떨쳐내기 위해 숙소에 짐을 푼 다음 곧바로 거리로 나왔지만, 분위기가 심상치 않았습니다. 유럽풍의 건물(20세기 초반 레바논은 프랑스의 위임 통치령이었기에 유럽식 건물이 많습니다.) 사이로 철조망과 장애물이 곳곳에 설치되어 있을뿐더러, 군인들이 총을 든 채 경계를 서고 있었기 때문입니다. 레바논이 평화로운 나라가 아니라는 사실은 알았지만, 걸을수록 전쟁의 상흔을 쉽게 찾아볼 수 있었습니다. 벽면에 남겨진 총알 자국과 폭탄으로 인해 붕괴된 건물들이 그러한 흔적입니다. 수십 년 전에 일어난 한국전쟁으로 우리나라가 얼마나 아팠는지 알기에, 불안해 보이는 사회 속에서 살아가는 레바논인들의 삶이 가엾게 느껴지는 순간이었습니다.

다음 날은 일요일이었습니다. 금요일이 휴일인 다른 중동 국가들과 달리, 레바논의 휴일은 일요일입니다. 맑은 하늘에도 불구하고 휴일의 아침은 사람들을 찾아보기 힘들었습니다. 기분 좋은 여행을 하기 위해 거리로 나왔지만, 금세 두려움이 가득 차올랐습니다. 무장한

군인이 골목마다 몸과 가방을 수색했기 때문입니다. 레바논의 무서운 상황은 종교로부터 출발했습니다. 레바논은 종교적 갈등으로 인해 1975년부터 10여 년간 내전을 겪은 다종교 국가입니다. 대통령은 마론파 기독교, 총리는 이슬람 수니파, 국회의장은 이슬람 시아파, 국회부의장과 부총리는 정교회, 군 사령관은 드루즈파 등 권력 안배를 위해 각 임무에 따라 정치인들의 종교는 달랐습니다. 시간이 지날수록 내각 구성에 어려움을 겪으며 정치적 혼란이 일어났고, 이는 경제적 충격으로 이어져갔습니다. 레바논 파운드화의 가치가 하락한 것입니다. 반미 정서가 있음에도 불구하고, 미국 달러를 선호하는 레바논인들의 성향에는 권력 다툼이라는 원인이 있었습니다.

베이루트 도시 외곽에 있는 난민들의 터전

경제적인 문제 외에도 빈부 격차와 높은 실업률, 주택난 그리고 전력난 등 레바논의 문제점은 상당했습니다. 시내 중심에서 멀어질수록 도시의 낙후화는 심해져 갔고, 지중해와 맞닿은 해안가는 쓰레기로 가득했습니다. 심지어 집도 아닌 조그마한 콘크리트 건물 틈새에 사람들이 살고 있었는데, 그들은 시리아와 팔레스타인에서 건너온 난민들이었습니다. 레바논은 전 세계에서 인구 대비 가장 많은 난민이 사는 나라입니다. 잠시였지만 난민들의 터전을 보고 충격에 빠진 채 베이루트의 시내로 다시 돌아왔을 무렵은 점심시간이었습니다. 장사를 하기 위해 가게 셔터를 올리는 사람들, 차곡차곡 공사를 진행하는 인부들, 호객 행위를 하는 택시 기사들 등 아침과 달리 다양한 사람들을 거리에서 마주쳤습니다. 예배를 올리기 위해 모두가 노동을 쉴 것이라는 예상과 달리, 사람들은 일상을 보내고 있었습니다.

매일을 열심히 살아가는 그들

　구약 성경에서 레바논은 '젖과 꿀이 흐르는 땅'으로 기록되어 있습니다. 하지만 현재는 아름다운 땅이 아닌 언제 어디서 총알이 날아올지 모르는 '잃어버린 낙원'이 되어 버렸습니다. 그렇지만 위험 속에서 굳건히 살아가는 레바논 주민들의 일상은 나름대로 긍정적이었습니다. 미소를 잃지 않고 "웰컴 투 레바논"을 외치며 이방인을 반겨주는 모습은 돈을 갈취해 갔던 어제의 택시 기사를 떠올리게 해 주었습니다.

"그래. 살아가려는 노력이겠지. 그런 거겠지."

매일을 열심히 살아가는 이들이 다시 전쟁이라는 소용돌이에 휩싸이지 않기를 바라는 마음으로 레바논을 바라보았습니다.

09 이슬람에도 성직자가 있을까?

중동을 여행하며 불교의 스님이나 기독교의 목사, 가톨릭의 사제처럼 이슬람에도 성직자가 있을지 굉장히 궁금했습니다. 모스크에서 예배할 때 가장 앞에서 인도하는 사람이 성직자인지 살펴보기도 했지만, 그는 성직자가 아니었습니다. 이슬람에서는 신과 인간 사이에 어떠한 영적 중간 매개체를 인정하지 않기 때문입니다. 성직자 제도가 전혀 없는 이슬람에서는 신자가 원한다면 언제든지 영적 중간 매

아랍 에미리트 아부다비에 있는 세이크 지이드 모스크

개체 없이도 직접 알라와 대화할 수 있다고 합니다. 무슬림은 태어난 그 순간부터 성장하는 동안 이슬람에 대해 체계적으로 배우기 때문에, 누구나 선교사로 활동할 수 있습니다. 즉, 모든 무슬림이 성직자인 셈입니다.

예배를 할 때 가장 앞에서 기도를 하는 사람을 이맘imām이라고 부릅니다. 가난하든 젊든 무식하든 나이가 들었든 여행을 온 사람이든 누구에게나 이맘이 될 수 있는 자격이 주어집니다. 이슬람에서는 이맘이 되기 위한 증명서나 특별한 예식이 필요없기 때문입니다. 하지만 예배, 단식, 순례 등 종교적 의무를 수행해야 할 무슬림들에게 이맘은 추대받는 존재입니다. 일상 때문에 일반 신도들은 정규 예배

세이크 자이드 모스크의 내부

시간에 항상 참석할 수 없지만, 이맘은 모스크에 고용되어 모스크지기로 상주하기 때문입니다. 하루를 모스크에서 보내며 사소한 모든 것을 담당하기에 타인들의 존중을 받는 것입니다.

무슬림들에게 있어서 종교는 시소입니다. 시소에는 절대 권력을 가진 유일신 그리고 복종하는 무슬림뿐입니다. 쌍방을 합친 것이 이슬람이라는 종교입니다. 따라서 이맘 역시 알라 앞에서는 일반 무슬림과 똑같습니다. 가장 놀라운 사실은 이슬람 창시자인 마호메트의 신격화를 금한다는 것입니다. 알라 앞에서는 마호메트든 이맘이든 누구나 똑같은 피조물에 불과하기 때문입니다. 창조자와 신도들의 직접적인 관계를 강조하고, 성직자 제도가 없다는 사실은 다른 종교와 구분되는 이슬람교의 문화입니다. 이러한 차별적인 요소는 종교적 지식을 행동으로 옮기라는 뜻을 품고 있습니다. 지식과 실천은 문화 건설의 기본이기 때문입니다. 지식만 있고 행동을 하지 않거나, 반대로 행동은 하지만 지식이 없다면 문화적 발전이 불가능합니다. 한마디로 모든 무슬림에게 아는 만큼 행동해야 하는 것은 의무이자 책임이기에 성직자 제도가 필요없는 것입니다.

10 달라도 너무 다른
이슬람의 경제 문화

이슬람 국가들의 특이한 경제 활동 중 하나는 은행 제도입니다. 코란에서 이자를 금지하기 때문에, 무슬림들은 이자 자체를 부정합니다. 고리대금은 오늘날에도 전세계적인 비난을 받고 있습니다. 마호메트 시대의 메카에서도 빈부 격차가 커져 일부 고리대금업자들이

부를 축적하였습니다. 그렇지만 알라 앞에서는 모두가 평등하기 때문에 원금을 빌려 주고 수익을 거두는 것은 있을 수 없는 일이라 이자를 금지하게 되었습니다. 아랍어로 이자를 뜻하는 리바riba는 곤경에 처한 채무자를 돕는 것이 기본 덕목인 이슬람 규율에 어긋나는 행위입니다. 자본주의 시각에서 이해하기 쉽지 않은 부분은, 단 1퍼센트의 이자라도 고리로 취급한다는 사실입니다.

코란에서 '이자를 취하지 마라'는 문구는 자비와 아주 밀접한 관계를 가지고 있습니다. 자비는 인간의 동정심을 기반으로 한 감정이지만, 고리대금은 모든 동정적인 감정을 무시하기 때문입니다. 그렇다면 이슬람권에서는 무엇을 위해 예금자들이 저금을 하고, 은행에서는 돈을 어떻게 이용할까요? 은행은 예금자들에게 정말 아무것도 지불하지 않아도 될까요? 정답은 아닙니다. 분명히 이윤을 지급합니다. 그렇지만 이것은 이자의 개념이 아닌 투자의 개념입니다. 옛날 아랍 상인들은 사막과 바다를 건너 무역을 하였습니다. 해적과 도적의 습격을 당할 수 있는 위험이 도사리고 있었기에, 대상(전통적으로 낙타와 말을 타고 초원과 사막을 무리지어 이동하며 교역하던 상인 무리)을 모집하여 위험을 분산했습니다. 성공하고 무사히 돌아오면 막대한 이익을 얻을 수 있었는데, 그때 스폰서들에게 이윤을 배당하는 시스템이 형성된 것입니다. 쉽게 생각해서 현대의 투자 은행이라고 볼 수 있습니다. 그러한 전통은 오늘날까지 유지되어, 이슬람 은행에서는 예금자들이 맡

긴 자금을 기업에 무이자로 대출해 주고 사업이 성공하면 배당을 받아 예금자에게 배분합니다. 그렇지만 사업에 실패하면 이익은커녕 예금자는 원금도 잃는 쓸쓸한 방식이기도 합니다. 배당도 이자와 같은 불로 소득이지만, 예금자가 위험을 감수한다는 점에서 코란에 반하지 않는다고 보는 것입니다.

이슬람의 특별한 경제 문화는 이자 제도뿐만 아니라 임대료에도 있습니다. 중동에서 여행을 하다보면 커피가 아주 싸다는 사실을 알

수 있습니다. 또한 카페에서 느긋하게 하루종일 잡담을 나누며 시간을 보내는 사람들을 보면 '과연 카페들이 임대료나 제대로 낼 수 있을까?'라는 의문을 가지게 됩니다. 이러한 모습은 한 번 계약을 체결하면 변동이 없는 임대료 덕에 가능한 것입니다. 자본주의 사회에서는 이해할 수 없는 제도입니다. 이것은 이슬람의 종교성과 관련되어 있습니다. 이슬람 국가 대부분 토지와 건물들은 주로 종교성의 재산으로서, 공개념이기 때문에 무슬림들의 생활에 도움을 줍니다. 이해하기 어렵지만 유토피아적인 제도가 이루어지는 이슬람 경제 문화는 자본주의 사회를 살아가는 사람들에게 그저 신기하기만 합니다.

11 중동의 생명,
석유

세계에서 가장 부유한 25개의 국가에는 사우디아라비아, 아랍에미리트, 쿠웨이트, 바레인, 카타르와 같은 중동의 나라들이 포함되어 있습니다. 한때 지구상에서 가장 가난했던 이들은 석유 덕분에 천문학적인 부를 얻었습니다. 사람들은 석유를 떠올리면 중동을 연상합니다. 고작 몇 개의 다닥다닥 붙어있는 아라비아의 나라들이 세계에서 쓰이는 석유의 38퍼센트를 공급하기 때문입니다. 사람들에게 '오일 머니'라는 단어가 친숙한 이유도 그러한 배경에 숨어있습니다. 오

일 머니는 석유로 얻은 경제적인 이윤입니다. 수많은 무슬림들은 석유를 통해 벌어들인 돈은 자국민들에게 주어져야 한다고 생각하는 경우가 많습니다. 매장된 석유를 단순한 우연으로 여기지 않고, 알라가 준 선물이라고 생각하기 때문입니다. 이슬람권에 집중적으로 매장된 석유는 과연 알라의 선물일까요, 아니면 저주일까요?

지난 한 세기 동안 인류의 생활에 큰 변화를 선물해 준 석유는 다양한 산업에도 영향을 주어 문화발전의 원동력이 되었습니다. 비행기와 기차 같은 이동 수단을 발전시켜 세계화를 가능하게 만들고, 플라스틱과 전자 기기 등의 제품을 만드는 자재가 되었습니다. 원료로서의 가치뿐만 아니라 현대 사회에서 없어서는 안 될 중요한 생활필

두바이의 전경

수품입니다. 확실한 것은 석유가 없는 세상을 맞이한다면, 단 하루도 버티지 못하고 난리법석이 일어날 것입니다. 그런 이유에서 오늘날 모든 국가들은 석유 자원을 확보하기 위해 치열한 경쟁을 합니다. 그렇지만 안타깝게도 석유는 무제한적인 자원이 아닙니다.

매일같이 퍼내다 보면 언젠가 고갈되는 날이 반드시 올 것입니다. 많은 중동의 국가들은 석유 산업이 아닌 다른 산업에 눈을 돌리고 있습니다. 금융, 유통과 같은 다양한 산업이 있지만 그중에서도 체감하기 쉬운 산업은 바로 관광입니다. 석유로 얻은 부를 다양한 사업

에 끊임없이 투자한 두바이를 보면 쉽게 알 수 있습니다. 세계 제일의 고층 빌딩 '부르즈 칼리파'와 세계 최대의 인공섬, 그리고 세계 최대의 쇼핑몰 등을 건설하여 두바이를 중동 문화의 중심지이자 세계적인 대도시로 부상시켰기 때문입니다. 특히, 부르즈 칼리파는 상업, 주거, 호텔, 쇼핑, 오락 시설까지 대규모 문화복합시설이 마련되어 관광객이나 사업가, 문화 예술인 같은 다양한 계층의 사람들을 끌어당기는 자석이 되어 줍니다. 중동인들의 야심과 도전 정신으로 건설되는 초고층 건물은 탈석유 산업에 모든 것을 쏟아 붓고 있는 중동 국가들의 미래를 책임저 줄 새로운 발명입니다.

12 존재 자체가 인류의 문화유산, 요르단

소금덩어리가 가득한 사해

한반도 크기의 절반도 안 되는 요르단은 주변의 중동 국가와 달리 석유 자원이 거의 없는 나라입니다. 친서방 정책으로 비교적 개방된 사회를 유지하는 요르단은 중동 평화 협상의 중재자입니다. 팔레스타인 문제와 관련된 국제 뉴스에서 항상 등장하죠. 그럼에도 불구하고, 사람들은 마이클 조던은 알지만 요르단은 모릅니다.(요르단의 영어명은 Jordan으로 미국의 농구 스타 마이클 조던과 발음이 똑같습니다.) 성경에 등장하는 지명 중 96곳이 현재의 요르단에 위치하고 있지만, 성경을 공부하는 사람들조차도 이러한 사실을 잘 모릅니다. 요르단이 구약과 신약 시대의 무대였다는 사실을 모른다면, 낫 놓고 기역자도 모르는 것과 다름 없습니다. 우선, 둥둥 떠서 책을 읽는 광경으로 유명한 사해의 동쪽 모아브와 사해의 서쪽 에돔이 구약 성경 창세기에 언급됩니다. 또한, 다윗왕이 함락시켰던 암몬족의 도성 랍바는 현재 요르단의 수도 암만이기도 합니다. 성경에 기록된 수많은 역사적 사건의 현장이 요르단입니다. 그런 이유에서 성지 순례를 위한 탐험, 혹은 성서 세계의 탐방에서 요르단은 빼놓을 수 없는 나라입니다.

로마 원형 극장에서 바라본 암만의 헤라클레스 신전

　오늘날 요르단에는 구약과 신약의 성지 외에도 다양한 인류 문화의 유산이 있습니다. 그리스·로마의 유적이 그리스와 로마보다도

더 온전하게 남아 있는 곳이 바로 요르단이기 때문입니다. 로마 시대
의 대도시였던 제라쉬는 성경에서 거라쉬로 언급될 만큼 역사가 깊
은 장소입니다. 로마의 10대 위성 도시 중 하나였던 제라쉬는 너무나
도 거대하고 웅장해서 보는 이를 당황시킵니다. 시타델 언덕 또한 역

페트라로 향하는 좁은 통로

세계 최대 규모의 로마 제국 유적지가 있는 요르단의 제라쉬

사의 산물입니다. 로마 제국이 해발 850미터에 건설한 도시인 이곳은
청동기 시대부터 사람들이 살았던 지역입니다. 특히, 원형 극장에서
바라보는 암만의 풍경과 헤라클레스 신전은 감탄 그 자체입니다.

하지만 요르단에서 가장 기둥이 되는 문화유산은 영화 〈인디아나
존스-최후의 성전〉의 배경으로 유명해진 세계 7대 불가사의, 페트라
입니다. 그리스어로 바위를 뜻하는 페트라는 암석의 도시입니다. 이
곳은 19세기 초 스위스의 탐험가 부르크하르트가 발견하기 전까지
1000년이 넘는 시간 동안 사람들의 기억 속에서 사라진 도시였습니
다. 역사의 수수께끼를 품은 페트라. 그곳으로 향하는 길은 하늘을
가리는 암석들 사이의 좁은 통로로부터 시작됩니다. 30분 정도 걸어
가다 보면, 갑자기 시야가 넓어지면서 신비롭고 경이로운 광경에 시선
을 뺏깁니다.

신비로움이 가득한 페트라

　돌산 자체를 조각해 만든 건축물들로 이루어진 거대한 도시가 펼쳐지기 때문입니다. 이곳에는 공공 건물, 왕궁, 신전, 무덤, 주거지 등이 있는데 이 모든 공간은 돌산의 내부를 파내어 직사각형의 방으로 다듬었다는 특징이 있습니다. 페트라의 절정은 밤입니다. 빛나는 별과 촛불에 빛친 암석 본연의 여러 가지 색깔과 기하하적 무늬는 최고의 찬사를 이끌어 냅니다. 기발한 독창성의 페트라와 성지 그리고 그리스·로마의 유적지까지…. 모두 특별한 문명의 흔적이라 보석처럼 소중한 요르단은 나라의 존재 자체가 문화유산입니다.

13

예루살렘의 12월은
'Happy Holidays!'

예루살렘의 밤

매년 12월은 온통 크리스마스 분위기로 활기찹니다. 루돌프와 눈사람 그리고 천사와 트리는 추운 겨울을 밝혀줍니다. 연인들은 특별한 하루를, 아이들은 산타클로스의 선물을, 어른들은 어린 시절의 향수를 품을 수 있기에 많은 사람들의 입에서는 '메리 크리스마스'라는 인사말이 떠나지 않습니다. 하지만 수십 년 전부터 많은 국가에서 '메리 크리스마스' 대신 '행복한 휴일(Happy Holidays)'이라고 연말 인사를 건넨다고 합니다. 이러한 현상은 기독교만을 위한 인사말보다 종교의 다양성을 존중하여 모두가 공감할 수 있는 말로 대체한 결과입니다. 한편, 국제법상 어느 나라에도 속하지 않은 도시인 예루살렘을 품고 있는 이스라엘은 고대 이스라엘 왕국이 멸망한 뒤 2000년을 떠돌던 유대인들이 건국한 나라입니다. '행복한 휴일(Happy Holidays)'이라는 연말 인사는 바로 이곳에서 시작되었다고 해도 무방합니다.

예루살렘에는 예수와 마호메트 등 종교적 인물들이 남긴 역사적 유적지를 곳곳에서 찾아볼 수 있기 때문에 기독교와 이슬람교 그리고 유대교의 문화가 뒤섞여 있습니다. 히브리어로 '평화의 도시'라는 뜻을 가진 예루살렘은 기원전 1000년 무렵, 다윗 왕이 고대 이스라엘 왕국의 수도로 삼았지만 국교가 기독교인 로마에게 함락된 뒤부터 자연스럽게 기독교의 성지가 되었습니다. 시간이 흐른 뒤, 예루살렘은 아랍인들에게 점령되어 오랜 세월 동안 이슬람의 영향력 아래에 있었습니다. 이러한 역사적 배경 때문에 예루살렘은 유대교와 기독교, 이슬람교의 각축장이 되었습니다. 세 종교의 주요 성지가 몰려 있는 동예루살렘의 구시가지는 높이 약 10미터, 길이 약 4킬로미터의 성벽으로 둘러싸여 있습니다. 구시가지는 아르메니아인과 이슬람, 유대인 그리고 기독교 구역으로 나뉘어져 복잡합니다.

우선, 유대인들은 크리스마스 대신에 하누카Hanukkah라는 축제로 연말을 보냅니다. 빛의 축제라고도 불리는 하누카는 대개 12월에

'하누카'를 즐기는 유대인 청년들

총 8일 동안 진행됩니다. 과거 유대인들이 예루살렘 성전을 되찾을 때, 성전을 밝혀줄 기름이 하룻밤 분량밖에 없는 것을 알게 되었습니다. 문제는 기름을 찾아서 채우는데 8일이라는 시간이 걸린다는 것이었습니다. 그때 마카베오 가문이 촛대의 불꽃을 8일 동안 밝히면서 헌신을 보여 주었습니다. 또한 '봉헌'을 의미하는 하누카는 마카베오 가문이 두 번째로 예루살렘 성전에 봉헌한 것을 기념하는 축일이기도 합니다. 하누카의 대표적인 상징은 촛대입니다. 서로 간격을 두고 있는 아홉 개의 촛대로 기리는 하누카는 원래 유대인의 유월절이나 속죄일에 비해 중요성이 떨어지는 성일이었지만, 20세기에 접어들면서 크리스마스와 비슷한 수준의 축제로 성장하게 되었습니다.

그래서인지 연말의 예루살렘에는 수많은 유대인들이 '통곡의 벽'에 모입니다. 고대 이스라엘 왕국의 솔로몬 왕이 세운 성벽의 일부인 서쪽 벽에서 슬퍼했던 유대인들 때문에 '통곡의 벽'이라 불리는 이곳은 유대교의 성지입니다. 그렇게 모인 유대교인들은 소망을 적은 종이를 갈라진 벽의 틈에 밀어 넣고 기도를 합니다.

크리스마스를 즐기기 위해 예루살렘을 찾은 기독교인들은 예수가 묻힌 장소로 여겨지는 성묘교회로 향합니다. 성묘교회는 기독교에서 가장 중요한 성지로 손꼽힙니다. 동로마 콘스탄티누스 황제가 건축한 성묘교회는 파괴와 재건이 반복되어, 현재의 교회는 1149년 십자군이 다시 만든 것입니다. 예수의 고난을 품고 있는 이곳에서는 십자가

에서 내려진 예수가 처음 눕혀진 돌바닥에 손을 얹고 흐느끼는 사람들도 가득합니다. 또한, 예수의 또 다른 성지도 구시가지 남쪽에 위치한 팔레스타인 지구의 베들레헴에서 찾아볼 수 있습니다. 예수가 탄생한 마구간에 건축된 교회입니다. 예수의 흔적을 찾아 순례길에 오른 기독교인들이 빨간 산타클로스 모자를 쓰고 있는 풍경이 아주 인상 깊습니다.

예루살렘 전체를 바라볼 수 있는 언덕에 오르자, 도시 중앙의 금빛 건축물이 한눈에 들어옵니다. 건축물의 정체는 이슬람교에서 가장 신성한 건축물인 '바위의 돔'입니다. 팔각형으로 지어진 사원은 외부를 덮고 있는 타일과 금빛 돔이 너무 아름답기만 합니다. 아주 아

세계 3대 종교가 숨쉬는 예루살렘

 이러니한 것은 종교와 역사의 연관성 때문에 바위의 돔은 다른 종교에서도 신성시한다는 점입니다. 이슬람교의 창시자인 마호메트가 대천사 가브리엘과 함께 천상으로 올라갔다는 바위와, 아브라함이 아들 이삭을 하느님의 제물로 받쳤다고 전해지는 기독교 및 유대교의 바위가 현재 바위의 돔이 세워진 장소와 동일합니다. 한마디로 바위의 돔 자체가 아니라 바위의 돔이 세워진 그 자리가 신성한 것입니다. 4000년 역사를 거치며 유대인에게는 성전, 기독교인에게는 부활의 현장, 이슬람교에게는 마호메트의 성지로 여겨지는 예루살렘은 끊이지 않는 순례자들의 발길로 가득합니다. 세계 3대 종교의 신앙심을 엿볼 수 있는 이곳의 12월은 누구에게나 'Happy Holidays'입니다.

14 낯선 땅에서 만나는 한민족, 고려인

　동양과 서양을 연결하는 실크로드의 교차로에 위치한 중앙아시아는 높은 고원과 산맥으로 이루어져 있습니다. 중앙아시아는 한때 소련의 구성원이었지만 현재는 소련 붕괴 후 독립한 상태입니다. 독립을 쟁취한 우리나라와 달리 중앙아시아의 국가들은 외부적 영향 덕분에 독립을 선물 받았다는 것에 차이를 두고 있습니다. '~스탄'으로 끝나는 나라가 많은 이곳은 페르시아라는 대제국을 건설한 투르크계의 짙은 영향을 받았습니다.

고려인들이 처음으로 정착했던 카자흐스탄 우쉬토베의 마을 풍경

시간이 흐르면서 민족 개념이 발생하자 '~족의 나라'라는 의미로 카자흐스탄 또는 우즈베키스탄 등의 나라로 탄생하였습니다. 그런 이유에서 같은 투르크계더라도 민족에 따라 문화적, 유전적인 차이가 크기 때문에 정체성의 해석은 아주 다양합니다. 그런데 투르크계라는 이름 아래 다양한 민족들이 살아오던 중앙아시아에 1937년, 새로운 민족이 등장하게 되었습니다.

바로 일제 강점기 시절, 조선에서 두만강 북쪽의 소련 연해주로 터전을 옮겨 살던 사람들이었습니다. 현재 고려인이라고 불리는 그들은 한민족의 혈통을 가지고 있습니다. 비극적인 한민족의 소산인 그들은 스탈린의 소수 민족 재배치 정책에 의해 강제로 이주한 정치적 산물이기도 합니다.

우쉬토베에 형성된 고려인 1세대들의 공동묘지

1937년 9월 9일, 짐짝처럼 화물 열차에 실려 황무지로 이주하던 도중 굶주림과 추위로 인해 사망한 고려인이 1만 1000여 명으로 추정될 정도로 배려 없는 강제 이주였습니다. 카자흐스탄의 우쉬토베는 강제 이주를 통해 고려인들이 가장 먼저 도착한 장소입니다. 카자흐스탄의 과거 수도인 알마티의 북동쪽 방면에 위치한 우쉬토베로 향하는 길은 오늘날에도 매우 험난합니다. 알마티에서 좁디좁은 벤을 타고 몇 시간 동안 탈디쿠르간으로 이동한 뒤, 그곳에서 또다시 버스 혹은 택시를 타고 한 시간을 가야지만 도착할 수 있기 때문입니다.

고려인들의 초기 정착지에서 둘러본 토굴과 공동묘지

현대 사회에서도 이렇게 이동이 어려운 지역을 거의 한 달 동안 화물 열차를 타고 이동했다고 상상하니 쉽지 않은 여정이 분명했습니다. 직접 둘러본 우쉬토베는 허허벌판 그 자체였습니다. 11월임에도 불구하고 여러 겹의 옷을 입어야 할 정도로 추운 이곳의 겨울은 당시 고려인들이 어떻게 추위를 견뎌냈을지 가늠조차 어려운 날씨였습니다. 이러한 날씨를 이기기 위해 맨손으로 언덕에 토굴을 파서 겨울을 보냈던 초기 정착지의 흔적들과, 고려인 1세대들의 공동묘지만이 공허한 공간을 채워주고 있었습니다.

고려인들의 초기 정착지를 기념하기 위해 세워진 비석들

불행 중 다행인 것은 시간이 흐를수록 카자흐스탄 사람들이 따뜻하게 고려인들을 대우해 줬다는 사실입니다. 개를 즐겨 먹는다는 것을 알고 개도 잡아 주고, 마구간 같은 곳에서 살도록 많은 도움을 주었습니다. 한민족의 아픔을 간직한 땅에서 가장 눈에 띄는 것은 공동묘지가 위치한 언덕에서 내려다보이는 비석들입니다. 이는 1999년 카자흐스탄 한국 대사관에서 첫 겨울을 이겨낸 그들을 기념하기 위해 세운 비석과, 2002년 5월에 세워진 대리석입니다. 비석에는 한글로 이렇게 써져 있습니다.

'이곳은 원동에서 강제 이주된 고려인들이 1937년 10월 9일부터 1938년 4월 10일까지 토굴을 짓고 살았던 초기 정착지이다.'

고려인들이 즐겨 먹던 당근김치와 국수

그들이 머물렀던 초기 정착지를 바라보는 것도 그 시절을 상상해 보기 충분하지만, 직접적으로 그들의 삶이 얼마나 고되었는지 잘 알수 있는 부분은 식문화입니다. '마르코프차'라 불리는 당근 김치는 강제 이주 이후 식재료 수급이 어려워지자, 당근으로 김치를 담그는 것에서 시작되었습니다. 생채로 김치를 담그는 전통적인 방법과 달리, 채를 썬 당근을 식초와 소금으로 절여 기름에 볶은 이 음식은 샐러드를 연상시킵니다. 새콤한 맛이 아주 특징적인 당근김치뿐만 아니

라, 고려인식 시래깃국인 '시락짜무리'와 안동 국시에서 유래한 국수
는 고려인들의 한을 달래준 음식입니다. 현지인 입맛에 맞춰진 한식
이 점점 대중화되어가는 카자흐스탄. 그곳에서 경험한 '한국의 맛'은
아주 신기합니다.

고려극장에서 펼쳐지는 공연

식문화 이외에도 고려인들의 혼과 한을 느낄 수 있는 공간이 있
습니다. 바로 고려극장입니다. 고려극장은 한반도를 포함하여 한민족
이 거주하는 세계 모든 나라의 예술 공연 단체 중 가장 오래된 단체
입니다. 연해주에서 설립되고 카자흐스탄으로 이전한 후, 여전히 공연
을 하고 있는 고려극장은 현재 카자흐스탄 국립 극장으로도 성장할
만큼 역사성을 존중받고 있습니다. 주로 고려인의 생활 혹은 고향에

대한 그리움을 다룬 연극을 하였지만, 단조로운 분위기를 탈피하기 위해 젊은 시대의 취향을 반영한 공연도 선보입니다. 최근에는 한국과의 잦은 교류에 따라 전통춤과 한국 대중가요 그리고 고려어가 아닌 한국어로 연극을 하여 사람들의 이목을 끌고 있는 중입니다. 척박한 땅에 강제로 끌려온 사람들이 어떻게 단독 국립 극장을 얻을 수 있었을까요? 고려인들의 뿌리가 한반도에서 시작되었기 때문이라고 생각합니다. 이는 곧 그들에게 한민족의 끈질긴 생명력과 특유의 근면성이 있다는 말입니다. 중앙아시아로 이주한 고려인들은 집단 농장을 조직하여 기후와 토양에 신속히 적응했습니다. 그럴 수 있었던 이유는 한반도에서 얻은 풍부한 농사 경험 덕분이었습니다. 카자흐스탄의 농업 발전에 큰 이바지를 한 고려인들은 주류 사회에 진입하여 상

우쉬토베의 한인 교회에서 만난 고려인 아주머니

당한 부를 축적한 소수 민족으로 거듭날 수 있었습니다. 현재도 카자흐스탄에서 고려인의 위치는 점점 공고해지고 있는 중입니다.

중앙아시아로 이주한 고려인 1세대들은 살아생전 고향에 대한 향수가 깊었다고 합니다. 그와 달리 이곳에서 태어난 고려인들은 자신이 자란 땅을 고향이라 생각하고, 한국은 '성공을 꿈꿀 수 있는 땅'이라는 개념을 가지고 있습니다. 물론 한국을 제2의 고향이라고 생각하는 고려인들도 많다고 합니다. 아마도 고려인의 뿌리 자체는 조선이기 때문에 남한과 북한, 두 국가에 대해 끊임없는 관심을 가지고 있을 것입니다. 우쉬토베의 한인 교회에서 학생들에게 한국어를 가르치는 고려인 아주머니를 우연히 만날 수 있었습니다. 그녀는 이렇게 말했습니다. 한민족의 혈통을 소유한 고려인들은 머리도 좋고 어디서나 잘 적응하기 때문에 부지런한 삶을 살았다고. 그런 이유에서 남들보다 항상 여유가 많아서 주변 사람들이 부러워하는 소수 민족이 될수 있었다고. 태어난 곳은 중앙아시아지만 뿌리가 한민족이라는 사실은 변함이 없기에 한국어를 공부하려고 노력하는 고려인들이 아주 많다고. 앞으로도 한국과의 연결 고리가 지속되길 원한다고 말입니다. 비록 짧은 대화였지만 한민족에서 파생되어 새로운 민족으로 거듭난 그들을 이해할 수 있는 시간이었습니다.

15

누구나 택시 기사가 되는 곳, 카자흐스탄

이동에 대한 비용을 흥정하는 카자흐스탄의 풍경

　카자흐스탄에 방문한 모든 외국인들은 거주지를 등록해야 합니다. 본인이 일주일 이상 이곳에 머물 계획이라면 말입니다. 이것은 소련의 잔재로, 국민들의 이동을 파악하고 통제하기 위한 제도입니다. 귀찮다는 마음에 거주지를 등록하지 않으면 출국 시 엄청난 벌금을 내야하기 때문에 무조건 지켜야 하는 법입니다. 거주지를 등록하기 위해서는 이민국으로 가서 신청을 해야 했습니다. 이웃 국가인 키르기스스탄과 달리 카자흐스탄은 대중교통이 발달되어, 이민국으로 향하는 길이 전혀 걱정되지 않았습니다. 택시를 잡으려고 거리를 나서자, 여성들이 지나가는 일반 차량을 붙잡고 흥정을 하다가 가격이 맞지 않으면 떠나보내는 모습을 목격할 수 있었습니다. 처음에는 성매매를 하려는 풍경으로 생각했지만, 시간이 지나자 남성들도 차량의 운전자와 흥정을 하는 모습을 볼 수 있었습니다.

탑승 전 명확한 가격을 약속해야 아무런 문제가 생기지 않는다

이것은 그들의 문화를 모르는 이방인이기 때문에 색안경을 끼고 바라본 실수인 것입니다. 그렇지만 지나가던 사람도 아닌 차량을 세워 서로 몇 마디 나누는 풍경은 의아할 수밖에 없었습니다. 설마 그게 택시일거라고는 전혀 상상하지 못했기 때문입니다. 그렇습니다. 카자흐스탄에서는 차량만 있다면 누구나 택시 기사가 될 수 있는 것입니다. 이러한 진풍경은 소련이 붕괴된 후, 국가체제의 빈틈에서 생겨난 것입니다. 그렇다고 카자흐스탄에 정식 택시가 없는 것은 아닙니다. 분명히 이곳에도 우리가 알고 있는 택시가 존재합니다. 비록, 값비싼 요금 때문에 현지인들은 이용을 잘 하지 않지만 말입니다. 개인택시 기사가 되기 위해서는 수천만 원과 몇 년간의 영업 택시 경력이 필요한 한국과 달리, 카자흐스탄에서는 별다른 노력 없이 누구나 투잡으로 택시 기사를 할 수 있는 것입니다. 택시라는 안내판도 없이 유리창에 금이 간 오래된 자동차들은 가는 방향과 가격만 맞다면 누구든 태워 줍니다. 합석한다고 항의를 해서도 안 되는 이상한 택시이지만, 한편으로는 인심이 만든 카자흐스탄의 일상 문화가 아닐까 생각해 봅니다.

제3부

———

가깝고도
이국적인 아시아

MONGOLIA
UZVEKISTAN
KYRGYZSTAN
TURKMENISTAN
TAJIKISTAN
NORTH KOREA
SOUTH KOREA
JAPAN
CHINA
AFGHANISTAN
PAKISTAN
NEPAL
BHUTAN
Taipei
BANGLADESH
BURMA
Hong Kong
INDIA
LAOS
THAILAND
VIETNAM
CAMBODIA
PHILIPPINES
SRI LANKA
MALAYSIA
INDONESIA

01 족자카르타 보로부두르에서 만나는 부처님

인도네시아는 종교와 신화를 품고 있는 신비로운 나라입니다. 하루 다섯 번의 예배와 기도를 신에게 올리는 무슬림과 지역마다 내려오는 흥미로운 신화를 발견할 수 있습니다. 흥미로운 사실은 국민 대부분이 이슬람교인 인도네시아에 '석가 탄신일'이 있다는 것입니다. 와이삭이라고 부르는 인도네시아의 석가 탄신일은 음력 4월 8일을 기준으로 행사를 여는 한국과 달리, 음력 4월 15일을 탄생일로 기념합니다. 인도네시아의 불교는 그저 그런 문화가 아닙니다. 세계 불교

유적지 가운데 유례없을 정도로 큰 규모를 자랑하는 보로부두르가 있기 때문입니다. 세계 7대 불가사의 중 하나이자 아시아 최초로 유네스코 세계문화유산에 등재된 이곳은 인도네시아 자바섬의 중부에 위치한 족자카르타에서 만나볼 수 있습니다.

족자카르타에서 보로부두르로 향하는 길은 비몽사몽입니다. 보로부두르는 이른 아침, 안개가 걷히기 전에 보아야 그 신비로움을 제대로 느낄 수 있습니다. 축제 기간 동안 승려와 신자들이 사원 주변을 행진하며 불경을 독송하는 소리는 도착을 알리는 신호가 되어줍니다. 보로부두르에 입장할 땐 '드디어 도착했구나'라는 생각이 들지만, 안개 속에 몸을 숨긴 사원은 호기심을 자극합니다. 1000년의 흔적이 고스란히 담긴 계단을 한 발자국씩 올라갈 때마다 수많은 불상에 시선을 빼앗깁니다. 완만한 경사를 이루는 아홉 개의 테라스로 만들어진 불탑의 꼭대기에 올라서자, 속세의 모든 허물이 정화되는 극락의 문 안으로 들어서는 기분을 느낍니다. 서서히 떠오르는 태양에 새벽의 안개가 점차 사라지면서 드러나는 경치가 으뜸이기 때문입니다.

사실, 보로부두르는 800년이 넘도록 자취를 감춘 적이 있었습니다. 1006년, 화산의 대폭발로 인해 화산재에 묻히게 된 것입니다. 누군가는 사원의 완성과 함께 불교의 깊은 뜻에 따라 인위적으로 흙으로 덮었을 것이라고도 합니다. 어떤 이유에서든 수백 년간 모습을 감

춘 보로부두르가 다시 뜨거운 햇살 아래 등장한 것은 한 영국인 덕분입니다. 그는 싱가포르 건국의 아버지로 불리는 토머스 스탬퍼드 래플스 경입니다. 말레이 문화권에 대한 해박한 지식을 갖추었던 그는 각종 고문서와 자료를 통해 보로부두르를 발굴하였습니다. 그렇지만 영국에서 네덜란드로 인도네시아의 통치권이 넘어가면서 보로부두르는 아픔을 겪어야했습니다. 504개의 불상 중에서 35퍼센트가량의 두상이 절단되었는데, 동남아로 진출을 시도한 네덜란드가 불상의 머리 부분을 불교 왕국인 태국의 왕에게 선물하는 만행을 저질렀기 때문입니다.

그럼에도 불구하고 많은 순례자들은 스투파 안에 모셔진 부처님

의 몸에 손을 대고 소원을 빕니다. 보로부두르에서 소원하는 기도는 언젠가 꼭 이루어진다는 전설이 내려오기 때문입니다. 금생의 소중함과 보로부두르를 뒤로하고 돌아온 족자카르타는 활기가 넘쳤습니다. 와이삭 축제 기간 동안 주요 쇼핑 거리인 말리오보로는 예술과 사람으로 가득하기 때문입니다. 이 모든 풍경은 부처님의 가르침을 기억하려는 순례자들의 어깨마저도 들썩이게 해 줍니다.

02

각양각색의 문화를 향유하라, 싱가포르

세계주의를 지향하는 서양 문화를 본받은 싱가포르는 중국인과 말레이인 그리고 인도인이 공존하는 다문화국가입니다. 싱가포르의 이색적인 골목길은 각 민족의 전통과 현대가 혼합된 창조적인 공간입니다. 각 지역의 골목마다 색깔이 뚜렷한 이유는 19세기 당시 영국 정부에서 민족마다 자신들의 구역에서 생활하도록 그들이 거주하는 동네를 지정했기 때문입니다. 시간이 흐를수록 자연스럽게 그 지역에 사는 사람들은 자신의 문화를 중심으로 삶의 터전을 이뤄나갔습니다. 중국 문화를 바탕으로 거리를 형성한 차이나 타운, 말레이시아인들을 중심으로 발달한 아랍 스트리트, 인도계들이 모여 사는 리틀 인디아라는 문화적 공간이 형성되었습니다.

이러한 이유 때문인지 법이 아주 엄격하기로 소문나 있습니다. 공공 기관, 버스, 박물관, 도서관, 공연장, 백화점 등 사람이 모이는 장소라면 금연 구역으로 지정되어, 몰래 흡연을 하다가 경찰에게 적발되면 1000달러의 벌금이 부과됩니다. 또한 도로에 쓰레기를 버리거나 침을 뱉어도 벌금형에 처합니다. 심지어 화장실 사용 후 물을 내리지 않는 것 또한 불법이며, 택시 뒷자석에서 안전벨트 미착용 시 기사는 물론 승객까지 벌금을 내야 합니다. 싱가포르의 벌금 제도는

외국인이라도 예외는 없습니다. 공통된 법과 인식 그리고 공동체 의식이 부족하기 때문에 다소 지나칠 정도의 강력한 제도들을 도입하여 사회 질서와 청결을 유지하고 있는 것입니다.

오죽하면 '벌금의 나라'라는 수식어가 있을 정도입니다. 벌금과 엄격한 법칙들이 싱가포르에 대한 거부감을 심어 주기 충분하지만, 거주자들의 문화와 삶에 맞춰 발전하고 변화해 온 이곳은 아주 특별합니다. 두 지역의 경계선인 도로를 건너면 마치 다른 나라로 공간 여행을 온 듯한 기분이 들기 때문입니다. 차이나타운에서는 마작이나

장기를 두는 할아버지들이 모여 중국의 분위기가 물씬 납니다. 하루 다섯 번 기도를 올리는 종교적 규율을 지키며 살아가는 말레이시아인들의 아랍 스트리트에서는 이슬람 문화를 만나볼 수 있습니다. 힌두교 사원과 인도 요리 레스토랑 그리고 향신료와 잡화를 판매하는 가게가 모인 리틀 인디아는 개성이 넘칩니다. 골목마다 중국어와 말레이어, 타밀어, 영어 등 다양한 언어가 들려오는 이곳은 민족별로 각양각색의 문화를 향유하고 있습니다. 세계화에 따른 문화의 융합을 통해 새로운 문화를 창조한 싱가포르의 골목길은 각각의 정체성은 유지한 채 다양성을 인정하는 공간입니다.

03

대만이 가장 잘 드러나는 곳,
야시장

유독 덥고 습한 기후를 가진 아시아의 도시들에서 찾을 수 있는 공통점은 무엇일까요? 바로 야시장이 발달했다는 것입니다. 날씨 때문에 해가 진 후인 선선한 저녁이 되어서야 사람들이 활발하게 활동할 수 있습니다. 한국에서 거리상 가까운 대만은 이러한 야시장 문화가 돋보이는 곳입니다. 태국과 필리핀 그리고 말레이시아의 야시장도 훌륭하지만, 대만은 조금 다릅니다. 보통 관광객을 대상으로 장사하는 동남아시아와 달리 현지인들도 즐겨 찾는다는 것입니다. 또한 도

시 곳곳마다 크고 작은 야시장이 즐비하여, 그야말로 야시장 천국이
라고 볼 수 있습니다.

　대만에서 야시장 문화가 가장 발달한 도시는 수도 타이페이입니
다. 타이페이의 모든 야시장 중심(혹은 입구)에는 큰 사원이 자리잡고
있습니다. 사원 문화로 인해 자연스럽게 사람이 모였고, 이러한 이유
로 사원 근처에는 항상 상권이 형성되어 시장이 생겼습니다. 보통 시
장하면 빼놓을 수 없는 것이 먹거리입니다. 대만의 식문화는 동아시
아 먹거리의 집합체라고 볼 수 있습니다. 중국의 각 지방에서 이주해

온 중국인들과 대만을 지배했던 일본 그리고 토착민들을 바탕으로
식문화가 형성되었기 때문입니다.

대만의 야시장은 포차 의자에 앉아서 식사를 하는 풍경으로 시
작됩니다. 지글지글 고기를 굽거나 바삭바삭 튀긴 먹거리는 맛깔스러
운 냄새를 풍기며 미각과 후각을 자극합니다. 음식값 역시 야시장답
게 한국과 일본에 비하면 싸고 푸짐합니다. 고기가 잔뜩 들어간 우육
면(니우러우미엔)을 한화 4000원 정도에 먹을 수 있습니다. 길쭉한 피
를 새우와 함께 둥글게 말아 쪄 낸 짭조름한 만두도 정성에 비해 가

격이 아주 저렴합니다. 덥고 습한 기후는 그들의 후식 문화까지 발전
시켜줬습니다. 혀끝으로 만나는 후식은 은은한 여운을 새겨 줍니다.
가지각색의 빙수뿐만 아니라, 별다른 가공을 하지 않고 전통적인 방
법으로 만든 차도 다양하기 때문에 먹고 먹어도 아쉬움이 남습니다.
군침을 돌게 하는 음식으로 가득한 야시장은 주머니 사정이 넉넉지
않은 대만의 젊은이들에게는 만남의 광장이, 가족들에게는 저렴한
외식 장소가 되어줍니다. 대만에는 부엌이 없는 집들이 많기 때문에,
대부분 밖에서 끼니를 해결합니다. 그래서 우리나라나 일본과 달리
배달 문화보다 외식 문화가 번창했습니다. 다채롭고 짙은 풍미가 풍
성한 야시장은 홍등으로 밝혀진 거리처럼 대만을 가장 쉽고 빠르게
이해할 수 있는 길입니다.

04 일본의 육식 문화는 150년밖에 되지 않았다?

'고기와 밀가루를 섭취하지 않는다면 오래 살 수 있지만, 그렇게 살 바에는 딱히 오래 살 필요가 없다'는 말이 있습니다. 밀가루와 고기로 만든 돈가스는 일본의 대표적인 육고기 요리지만, 그들의 육식 문화는 불과 150년도 되지 않습니다. 과거 일본이 고기를 구할 수 없는 환경이거나, 선천적으로 일본인들이 고기를 섭취할 수 없는 체질이라서 육식 문화가 없었던 것은 아닙니다. 일본인들이 고기를 먹지 않았던 이유는 불교의 영향이 아주 큽니다. 1871년 12월 17일《메이지 천황기》의 기록 중 일부를 살펴보면 육식 금지는 원래 승려의 계율 중 하나였으나, 중고 시대에 궁중에서도 받아들여졌다는 이야기가 있습니다.

불교에 대한 신앙심이 깊었던 일본의 40대 왕 덴무가 살생 금지령을 내렸습니다. 금지령은 일회성 행사로 끝나지 않았습니다. 천황이 실권을 잃고 사실상 국왕으로 군림하던 쇼군들도 살생 금지령을 내렸고, 그런 이유에서 일본인들은 육식을 멀리할 수밖에 없었습니다. 심지어 쓰나요시라는 쇼군은 동물을 잡아먹는 것은 물론, 늙었다고 버리는 행위에도 유배령을 내렸습니다. 곱게 모셔야 하는 존재가 되

일본의 천년 수도 교토의 하루

어 버리는 통에 유기견이 늘어나 전국에 개 수용소까지 지어 돌보느라 재정에 문제가 생길 정도였습니다.

무려 1300년이라는 긴 시간 동안 유지된 육식 금지의 전통이 무너져 내린 것은 상당히 최근입니다. 오랜 세월 동안 육식을 금지한 일본은 어른과 어린아이의 수준으로 큰 신체적 차이를 가진 서양인을 마주한 뒤 육식 금지령을 풀게 된 것입니다. '쇠고기를 먹지 않으면 문명인이 아니다'라는 풍문이 돌 정도였다고 합니다. 서구형 신체를 장려하기 위해 유럽의 슈니첼(얇게 저민 고기를 기름 두른 팬에 구워 먹는 음식)이란 요리를 일반 서민들에게 선보였지만 큰 인기를 끌지 못했습니다. 조리 시간이 길고 가격이 비싼 이유도 있었지만, 오랜 기간 동안 육식 금지령의 영향을 받아왔던 일본인들이 처음부터 고기 요리를 선뜻 받아들이기 힘들었기 때문입니다. 하루아침에 문명 개화를 시작하며 육식을 권장했지만 큰 진전이 없자, 일본은 또 다른 대안을 찾았습니다. 서양의 요리를 일본식으로 재해석하여 일본인에게 맞는 음식으로 창조한 것입니다. 이것을 화양절충 요리라고 합니다.

고기에 대한 거부감을 없애기 위해 덴푸라(튀김) 기술을 응용하여 고기를 고기처럼 보이지 않게 하는 눈속임. 이것이 바로 일본 식문화에 변화를 준 돈가스입니다. 화양절충 요리는 돈가스 이외에도 고기와 채소를 토마토즙과 섞어 볶은 뒤 넓게 부친 계란에 감싸 먹는 프랑스의 '오믈렛'과 라이스의 합성으로 탄생한 오므라이스가 있습니

산업 혁명 중심지였던 가고시마의 흑돼지 돈가스

다. 인도 음식인 카레에 고기와 채소를 볶아 밥 위에 얹어 먹는 카레 라이스도 화양절충 요리입니다. 화양절충 요리는 부국강병과 문명개화라는 두 가지의 목표 덕분에 만들어질 수 있었습니다. 우리가 흔히 아는 일본의 대표적인 음식들은 서구화를 꿈꾸던 일본의 열망 덕분에 탄생할 수 있었던 식문화입니다.

매일 신비로운 아침,
라오스의 탁발 풍경

수백 년 전의 흔적이 고스란히 남아 있는 루앙프라방은 라오스 최초의 통일 왕국인 란쌍 왕국의 수도입니다. 이곳 루앙프라방에 사는 모든 이들에게 불교는 곧 생활이자 일상입니다. 루앙프라방의 새벽 풍경은 특별합니다. 스님들의 탁발 행렬로 새벽을 시작하기 때문입니다. 동이 틀 무렵, 발우를 매고 길거리로 나서는 스님들의 발걸음은 경건하기만 합니다. 라오스 말로 '딱밧'이라고 하는 탁발은 불교 국가 어디서든 볼 수 있는 풍경이지만, 루앙프라방의 탁발은 보다 더 신비롭습니다. 왜 그들은 매일 새벽마다 긴 행렬로 음식을 탁발하고, 왜 이러한 풍경이 신비로울까요?

이 모든 것은 두타행에서 시작됩니다. 출가한 스님들은 두타행이라는 덕목을 지켜야 합니다. '두타'는 산스크리트어로 '버리다', '씻다', '떨쳐 버리다'라는 의미를 가지고 있습니다. 스님들이 출가 이전에 맺었던 세속과의 인연을 잘라 내는 고행이 바로 두타행인 것입니다. 이러한 두타행의 핵심이 탁발입니다. 두타행 중에는 언제나 걸식하여 국왕이나 신도들에게 공양을 따로 받지 않습니다. 그저 빈부를 따지지 않고 마을의 일곱 집을 차례로 찾아가는데, 만약 밥을 얻지 못하면 그날은 식사를 하지 않습니다. 또한 음식을 공양 받더라도 발우 안에 든 음식만으로 하루 한 끼를 한자리에서만 먹어야 합니다. 탁발 의 발은 스님들의 음식을 담는 그릇인 발우를 가리키는 말입니다. 스 님들은 탁발 이외에는 어떠한 생산 활동도 할 수 없는 규율이 있습 니다. 그런 점에서 탁발이란 '걸식으로 얻은 음식을 담은 발우에 생 명을 기탁한다'는 뜻을 담고 있습니다. 스스로 수행을 가로막는 세속 적 행위와 선을 긋는 탁발은 자신의 마음 속에 잔존한 모든 인연을 씻어 내는 행위가 되어 줍니다.

스님들의 탁발에 보시를 하는 것은 선업을 쌓는 계기가 되어 줍니다. 루앙프라방의 주민들에게 불교는 곧 생활이자 일상이기 때문입니다. 그러므로 루앙프라방에서는 스님들이 길거리로 나서기 전부터 밥과 과자, 과일 등 공양할 수 있는 물품이 든 바구니를 앞에 두고 앉아 기다리는 현지인들과 이를 바라보기 위해 모여든 이방인들로 인산인해를 이룹니다. 그렇지만 전혀 시끄럽거나 난잡하지 않습니다. 탁발을 하기 위해 침묵의 선을 그리며 거리를 걷는 시간 동안은 어느 누구도 말을 하지 않으며, 이 의식을 고요하게 거행하기 때문입니다. 스님들은 명상을 하며 걷고, 주민들은 그 평화로운 명상을 방해하지 않고 존경으로 보답하는 것입니다.

그런데 현지인들 속에 빈 바구니를 내놓고 있는 어린이들도 유난히 눈에 띕니다. 그들은 스님들이 탁발로 얻은 음식을 다시 얻어가기 위해 머무는 것입니다. 그리고 탁발 음식을 얻은 어린이들은 굶주리는 이웃과 함께 나눕니다. 이기심과 욕심이 가득한 세상 속에서 이처럼 아름다운 풍경은 엄청난 교훈을 남겨 줍니다. 라오스가 아무리 가난하더라도 구걸하는 거지를 찾아볼 수 없는 이유가 탁발에서 시작된다는 것을 알 수 있습니다. 수백 년 동안 주민들과 스님들 사이에서 굳건하게 형성된 이 관계는 라오스에서 가장 중요한 정신적 문화유산입니다.

06

태국이 자랑하는 문화유산, 마사지

방콕에서 제일 크고 오래된 왓포 사원

　방콕에서 가장 오래된 사원인 왓포의 벽에는 인체 지압점을 표시한 그림과 글이 있습니다. 기록처럼, 수 세기동안 전승되어 온 태국의 전통 마사지인 '누앗 타이'는 전통적 건강 관리법이자 문화입니다. 또한 인체 작용에 대한 지식으로서, 유네스코에 등재된 인류 무형 문화유산이기도 합니다. 유네스코 인류 무형 문화유산은 민속과 전통 등에 대한 인식을 향상하고 이를 보호하며 계승하는 데 도움을 주기 위해 채택된 문화재입니다. (한국에서는 씨름, 줄다리기, 강강술래 등이 인류 무형 문화유산으로 등재되어 있습니다.) 생각만 해도 온몸이 개운해지는 마사지는 아름다운 바다와 함께 태국을 상징합니다. 대개 태국 전통 마사지는 바닥에 폭신한 요를 깔고 진행합니다. 강한 스트레칭 자세 때문에 태국식 요가라고도 불립니다. 마사지사가 발로 등을 밀어내며 두 팔을 있는 힘껏 뒤로 당기면 온몸이 활처럼 휘며 긴장했던 근육이 이완됩니다. 뭉쳐있던 어깨와 목도 마사지사의 손길이 닿으면 금세 몸무게가 줄어든 듯 가벼워집니다.

태국 어디서든 쉽게 만날 수 있는 마사지 문화

태국의 전통 마사지는 뻐근한 부위에 따라, 누르는 지점을 달리하는 것에 기초를 두었습니다. 이것은 중국의 경락과 흡사하지만 신체 장기까지 영향을 미치지 않는다는 특징이 있습니다. 또한, 상체 위주로 발달한 다른 나라의 안마법과 달리 태국의 안마 기술은 하반신 위주의 여러 지압법이 존재합니다. 이것은 고대 태국의 불교 승려들이 장시간의 수행을 한 후, 신체의 피로를 풀기 위해 발전한 것입니다. 누앗 타이의 또 다른 특징은 손만 이용하는 보통 마사지와는 달리, 팔꿈치와 무릎 등 다양한 신체 부위를 활용하여 마사지를 한다는 점입니다. 그래서 제대로 된 교육을 받은 안마사들은 시술을 시작하기 전에 항상 어딘가 아픈 곳이 있는지 확인을 합니다. 그들 나름대로 의료인으로서의 진찰이자 자부심입니다. 머리부터 발끝까지의 혈액 순환과 피로 회복 그리고 근육 이완과 정서 안정까지…. 수많은 효능을 가진 누앗 타이는 태국이 자랑하는 문화유산입니다. 그들의 소중한 문화는 남녀노소 누구나 즐길 수 있는 편안한 휴식이 되어 줍니다.

07 장터에서 찾은 신기한 문화, 미얀마

어린 시절 부모님과 함께 전통 시장에 장을 보러 가곤 했습니다. 작고 어린아이였던 탓에, 대나무처럼 큰 어른들 사이에서 길을 잃지 않기 위해 아버지 손을 꼭 잡고 졸졸 따라다녔었습니다. "뻥!"하고 귀를 먹먹하게 만드는 뻥튀기 가게와 국수, 파전을 팔던 정겨운 장터의 모습은 어린이에게는 신세계였습니다. 그러한 추억들은 세계 여행을 하며 각 나라의 장터를 방문하는 이유가 되어 주기도 했습니다. 어느 나라든 시장의 풍경은 항상 정겹고, 그곳만의 이야기를 살펴볼

수상 가옥들로 이색적인 풍경을 자랑하는 인레 호수

수 있기 때문입니다. 미얀마의 샨 지역에서 열리는 5일장은 그중에서도 유독 기억에 남는 장소입니다.

인레 호수를 포함한 냥쉐, 깔로, 따웅지, 삔다야와 같은 지역에 거주하는 현지인들이 개최하는 5일장은 샨 지역에서만 볼 수 있는 뿌리 깊은 전통 시장입니다. 도시에서는 특별하지 않은 상품이 이곳에서는 특별하다는 사실이 장터를 둘러보는 재미를 더해 줍니다. 특히, 산속에 사는 소수 부족 여자들이 도시에서 공수해 온 립스틱 같은 화장품을 고르는 모습은 순수해 보이기만 합니다. 또한 호수 안에서 독특한 생활 방식으로 살아가는 인따족은 수상 가옥을 보수하기 위해 대나

미얀마 샨 지역에서 열리는 5일장

무를 사고, 대나무를 판 빠오족은 인따족에게 생선을 구매합니다.

　활기찬 시장을 둘러보다 보면 미얀마에서만 찾아볼 수 있는 다양한 문화와 마주하게 됩니다. 가장 눈에 띄는 것은 순박한 인사를 건네는 그들의 뺨에 발라져 있는 누런 가루입니다. 누런 가루의 정체는 그들만의 천연 화장품인 '따나카'입니다. 따나카는 뜨거운 태양으로부터 피부를 보호하기 위해 나무의 껍질을 돌판에 물과 함께 갈아 뺨에 바르는 미얀마의 관습입니다. 미얀마의 상징과 같은 따나카는 처음 바를 때에는 시원한 느낌이 들다가 수분이 날아가면서 굳어 버리는 것이 특징입니다.

미얀마에서만 찾을 수 있는 전통 의상 문화

이뿐만이 아닙니다. 따나카 이상으로 신기한 문화도 찾을 수 있습니다. 남녀 모두 치마 형태의 하의를 입는다는 사실입니다. 미얀마인들은 동남아시아에서 유일하게 평상시에도 전통 의상을 입습니다. 한마디로 여자들만의 전유물이라고 생각했던 의상인 치마를 남녀노소 모두 매일 입고 생활하는 것입니다. 전통 의상의 이름은 '론지'인데, 남성복은 '파소', 여성복은 '타메인'이라고 부릅니다. 허리부터 발목까지 내려오는 긴 천으로 다리를 감싼 뒤 허리춤에 묶는 론지를 입는 까닭은 더운 미얀마의 날씨 때문입니다. 면으로 만든 론지는 후덥지근한 미얀마의 공기를 피해 통풍이 잘 되도록 해 줍니다. 론지의 색과 무늬에 따라 자신이 소속된 민족을 표현하기도 하는데, 현대화 물결 속에서도 자신들만의 고유문화를 지키고 있는 미얀마인들의 강한

미얀마 장터의 풍경

꽁야를 판매하는 미얀마의 노점상

정체성을 발견할 수 있습니다.

　인산인해를 이루는 5일장 속에서 갓 잡은 생선과 채소 그리고 공예품 같은 다채로운 상품들을 둘러보던 중, 론지를 입은 청년들이 우르르 모여있는 것을 목격했습니다. 호기심에 따라가서 마주한 장면은 의문스러웠습니다. 그들은 깻잎 같은 것을 입에 넣고 우물우물 씹고 있었는데, 이는 미얀마에서 자주 목격할 수 있는 모습이었습니다. 장터에서 알게 된 그 정체는 '꽁야'라는 씹는 담배였습니다.

　한국에서의 커피처럼, 미얀마에서 꽁야는 최고의 기호품입니다. 꽁야를 판매하는 노점상에서 알게 된 재료의 비밀은 바로 석회 가루와 잘게 부순 빈랑 열매 그리고 담배 가루입니다. 현지인들의 말에 의하면 피로 회복에 좋다고 하지만, 실제로는 빈랑 열매의 각성 효과 때문이라고 합니다. 미얀마 어디서나 볼 수 있는 평범한 그들의 일상은 지구상 어디서도 볼 수 없는 특이한 문화로 가득합니다. 21세기의 미얀마가 고유의 색을 간직할 수 있는 이유는 자신들만의 문화적 자긍심을 가슴에 품고 살아가기 때문인 것 같습니다.

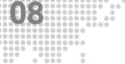
어디서든 만날 수 있는 차이나타운

요코하마의 차이나타운

　세계화로 문화적 접촉이 잦아지면서, 한 사회 안에서 기존의 문화에 새로 전파된 다른 요소의 문화가 흡수되지 않고 고유한 성격을 유지하는 문화 병존이 이루어지고 있습니다. 세계 곳곳에서 만날수 있는 차이나타운은 이러한 현상을 볼 수 있는 문화의 터전입니다. 차이나타운은 말 그대로 중국이 아닌 나라에서 살고 있는 중국인들이 모여 있는 동네입니다. 그들의 광범위한 네트워크만큼 전 세계 각지에 분포해 있는 차이나타운은 대륙에 따라 규모의 차이와 지리적 특징이 다릅니다. 미국과 캐나다 그리고 멕시코 같은 북미는 철도 공사를 통해 중국인들이 유입되어 내륙에 차이나타운이 형성되었지만, 유라시아의 차이나타운은 모두 항구 도시에 자리를 잡았습니다. 유라시아의 차이나타운들은 유럽의 상인 혹은 중국인들이 무역을 위해 머물던 항구 근처를 거점으로 정착촌을 형성하였기 때문입니다. 최초의 차이나타운은 15~16세기 무렵 동남아시아를 중심으로 형성되었습니다. 여러 나라들에 걸쳐 형성된 동남아시아의 중국인 정착촌은 그 역사가 오래된 만큼 현지의 문화와 융합되어 규모가 큰 차이나타운을 찾기 힘듭니다. 말레이시아 말라카의 차이나타운 역시 오랜 세월에 말레이 사회에 통합되어 현재는 특색이 강하지 않습니다.

서유럽의 차이나타운

그렇지만 1860년 베이징 조약 체결로 청나라의 자국민 해외 이주 금지 정책이 철폐된 이후, 중국인들의 해외 이주가 시작되면서 유라시아 대륙 곳곳에 차이나타운이 생겨났습니다. 특히 일본 요코하마 차이나타운은 유라시아에서 가장 큰 규모를 자랑합니다. 1859년 요코하마 개항시, 유럽의 상인들이 중국인 통역관을 데려와서 형성된 요코하마 차이나타운은 현재 요코하마의 관광 명소로 손꼽힙니다. 약 400개의 점포가 있는 이곳의 입구에는 보통의 중국 마을 입구처럼 패방이라는 탑 모양의 문이 있습니다. 거리 입구에 세워진 중국 전통 건축물은 어느 차이나타운에서나 만날 수 있는 공통적인 상

중국을 연상시키는 요코하마의 거리

징입니다. 이 문을 지나면 식자재를 파는 식품점부터 슈퍼마켓, 노점, 기념품점, 음식점 등이 늘어서 있습니다.

무엇보다 튀김과 중국식 볶음 국수 그리고 양꼬치 같은 다양한 중국 음식의 향이 거리를 지배합니다. 길거리 간식을 간단히 맛봐도 좋고, 본격적인 중국 요리를 먹어도 좋은 차이나타운. 북적거리는 사람들과 붉은 등 그리고 중국어 간판으로 인해, 마치 실제 중국에 온 것만 같은 분위기를 풍깁니다. 특히, 왁자지껄하게 이루어지는 호객 행위는 아주 중국스럽기만 합니다. 식당 내부에 있는 원탁 테이블은 중국인들의 문화를 가장 잘 보여 주는 물건입니다. 원탁 테이블은 화목과 단합을 상징합니다. 중국인들은 친한 사이일수록 공동 젓가락으로 음식을 나누고 술을 마시며 식사하는 것을 좋아하기 때문입니다. 이러한 풍경은 고유 문화를 상실하고 문화 동화가 되는 것과 달리, 정체성을 유지하며 문화 병존을 하고 있는 부분입니다. 터전을 잡고 매일을 살아가는 화교들의 삶과 이색적인 풍경을 바라볼 수 있는 차이나타운은 '작은 중국'입니다.

09 5000년의 역사를 가진 중국의 차(茶)

　　세계에서 가장 먼저 차를 발견한 중국은 5000년의 차 역사를 자랑합니다. 중국에서 세계 각지로 퍼져나간 차는 커피, 코코아와 더불어 3대 기호 음료 중 하나로 손꼽힙니다. 차를 나타내는 말은 크게 두 가지로, 'Cha'와 'Tea'입니다. 두 가지의 이름은 중국이 차의 기원임을 확실시하는 증거가 되어줍니다. 'Cha'와 'Tea'는 중국의 차에 대한 방언입니다. 영국과 독일 그리고 프랑스처럼 해로를 통해 차를 수입한 서유럽 국가들은 푸젠성의 발음인 'Ti'를 따라 불렀습니다. 반대로 한국과 일본처럼 육로를 통해서 거래한 국가들은 광동성의 발음인 'Cha'로 불렸습니다. 결국 두 단어 모두 그 근원이 똑같다는 사실입니다.

그렇지만 육지와 바다를 건너 동서양 각지로 전파된 차는 대륙에 따라 그 목적이 달랐습니다. 사교를 위해 차를 즐겼던 서양의 문화와 달리, 동양에서는 차를 통해 정신 수양을 했기 때문입니다. 쉽게 말해서 기독교를 상징하는 와인과 이슬람을 상징하는 커피처럼 차는 불교를 상징하는 기호 음료였습니다. 차와 관련된 최초의 서적이 불교가 성행하던 당나라 때 집필된 것을 보더라도, 차의 흥망성쇠는 불

중국의 보이차

교와 밀접한 관계를 맺고 있다고 할 수 있습니다. 수행을 하던 승려들은 잠을 쫓기 위해 카페인 효능이 있었던 차를 즐겨 마셨습니다. 차와 함께 한 수행은 '다선일미'로서, 차를 마시는 것과 수행하는 것을 동일시했습니다. 좋은 향과 맛을 느끼기 위해서는 적절한 시간 동안 과하지 않은 방법으로 차를 우려야 하듯이, 인간의 삶 역시 순간마다 항상 최선을 다해 살아야 한다는 철학이 담긴 것입니다.

시대의 변화에 따라 사회, 정치, 경제와 면밀한 관계를 맺은 차는 중국에 새로운 문화를 형성하기도 했습니다. 차를 우리는 다도구와 온도, 시간, 횟수, 장식, 복장, 자세 그리고 차를 올리는 방법(거리, 높이, 안정감, 위치, 조심성) 등의 다예를 갖춰야 하는 것이 차 문화입니다. 또한, 차의 다양한 품종에 따라 적절한 구매법과 보관법 더 나아가 제다법(차를 만드는 방법)까지도 차 문화의 일부가 됩니다. 어떤 토질에서 어떤 방법으로 생산하고 보관하느냐에 따라 차의 맛이 천차만별이기 때문입니다. 수천 년 동안 연구되어 온 차 문화는 중국이 차의 천국임을 증명해 주는 유구한 역사입니다.

10

세계에서 가장 큰 수상 마을, 캄퐁 아에르

동양과 이슬람의 신비로운 조화를 느낄 수 있는 브루나이의 풍경

머리가 흥건히 젖을 정도로 흐르는 땀줄기가 마를 새 없이 걷다 가 웅장한 건물을 마주합니다. 세계에서 가장 아름다운 건축물, 오마 르 알리 사이푸딘 모스크는 일명 '황금 모스크'라고도 불리는 이슬 람 사원입니다. 이곳은 술탄(이슬람 국왕)을 기리기 위하여 황금과 이 탈리아 대리석으로 지었는데, 사원 앞에 16세기 선박을 본떠 만든

배 한 척이 자리 잡고 있는 점이 특이합니다. 모스크와 한 척의 배가 자아내는 묘한 분위기는 이슬람과 동양 문화의 신비로운 조화를 느끼게 해 주고, 동남아시아 유일의 이슬람 왕국에 왔다는 사실을 새삼 깨닫게 해 줍니다. 다른 동남아시아에 비해 비교적 덜 알려진 브루나이 문화의 중심지는 바로 '동양의 베니스'라고 불리는 캄퐁 아에르입니다.

동양의 베니스, 캄퐁 아에르

캄퐁 아에르는 42개의 마을로 구성되어 하루를 다 써도 둘러보기 힘든 세계 최대 규모의 수상 마을입니다. 월세 30만원이면 죽을 때까지 살 수 있다고 알려진 이곳은 브루나이 전통 수상 가옥으로 가득합니다. 마치 버스 정류장처럼 각 마을에는 선착장이 있는데, 이곳에서 탑승하는 스피드 보트가 육지와 다른 마을로 이동할 수 있는 유일한 교통수단입니다. 구역마다 조금씩 다른 풍경을 보기 위해, 이리저리 움직이는 보트를 타고 도착한 어느 선착장에서는 한 소녀가 손을 흔들며 환영해 주었습니다. 브루나이인들의 순박함을 알 수 있는 장면이었죠. 소녀를 뒤로 한 채, 어떻게 물위에 집을 짓고 살았을지, 나무 기둥은 어떻게 오랜 세월을 버텨 왔을지 물끄러미 지켜보았습니다. 한때 캄퐁 아에르는 브루나이 인구 절반이 살았을 만큼 거대한 마을이었습니다. 현재도 3만 명이 넘는 사람들이 600년의 역사를 간직한 채 살아가는 소중한 삶터입니다. 이곳에서 물위의 생활은 고달플 것이라는 선입견을 깨트릴 수 있었습니다.

실제로 캄퐁 아에르에는 정말 없는 게 없기 때문입니다. 학교, 소방서, 주유소, 시장, 모스크, 경찰서는 물론 전기와 인터넷 그리고 상수도 시설까지 모든 게 설비되어 있어서 불편함 없이 살 수 있습니다. 한편으로는 나무다리가 좁은 골목길이 되어 주는 이곳이 땅위의 마을과 크게 다르지 않다는 생각도 듭니다. 아기자기한 화초와 고양이 그리고 있을 것이 다 있는 환경에서 '사람 사는 냄새'를 맡을 수 있었습니다. 여유로운 미소로 느긋한 일상을 보내는 수상 마을 주민들의 하루가 한쪽으로 치우쳤던 편견 저울의 균형을 맞춰 주었습니다. 뻔하지 않은 풍경을 안내해 준 브루나이는 동양과 이슬람의 조화 그리고 사람 사는 냄새를 맡을 수 있는 신비로운 나라입니다.

11

삶을 찬양하라, 필리핀의 카다야완 축제

흥겨운 음악 소리와 함께 화려한 의상을 입은 사람들이 룰루랄라 춤을 추는 이곳은 필리핀 다바오입니다. 천혜의 자연을 자랑하는 필리핀 민다나오섬 남동부에 있는 다바오에서는 매년마다 카다야완 사다보Kadayawan sa Dabaw라는 축제가 열립니다. '삶의 찬양'이라는 뜻을 가진 카다야완 축제는 다바오 인근에 사는 11개 부족의 전통 음악과 춤을 즐기는 민속 놀이입니다. 시내에서 진행되는 퍼레이드는 꽃과 과일로 화려한 장식을 이룹니다. 특히, 민다나오는 8월 셋째 주가 과일 수확철이라 저렴하게 신선한 과일을 맛볼 수 있습니다. 정돈이 덜된 듯하면서도 깔끔한 다바오의 거리를 행진하는 이들의 입가에는 미소가 떠나지 않습니다. 축제는 자연에 대한 경의와 풍성한 수확에 대한 감사 및 인간 사회의 번영을 기원하는 데 의미를 두고 있습니다. 축제를 즐기는 이들의 열정은 태양처럼 강렬하고 뜨거워서 다혈질의 기운을 풍깁니다.

카다야완은 단 한 번의 행사로 끝나지 않습니다. 개막식에 이어 바다 위에서 배로 이루어지는 행사, 부족민들의 전통 양식을 볼 수 있는

행사, 우리나라의 인삼 아가씨처럼 '미스 카다야완'을 뽑는 미인 대회 등 아주 다양하게 축제를 구성하고 있습니다. 가장 인상 깊은 카다야완 축제는 관광객들과 소통하기 위해 부족민들의 전통 놀이를 함께 즐기는 '둘라 카다야완'입니다. 시내 중심에 있는 공원에서 개최된 행사에서는 활쏘기와 줄다리기 같은 부족민들의 민속 놀이를 구경할 수 있습니다. 무엇보다 부족끼리의 대결이니 만큼 집중하는 모습이 인상 깊습니다. 특히, 남녀노소 참여하는 곡물 빻기는 모두의 열정과 단합력을 구경할 수 있는 장면입니다. 행사가 지속될수록 후끈 달아오르는 축제 분위기는 권태로운 하루를 변화시켜주기 충분합니다. 자연이 선물한 은총과 한 해의 수확을 기리는 카다야완 사 다보 페스티벌은 삶에 대한 찬양과 마음 속 평온을 느끼게 해 주는 축제입니다.

12

베트남인들의 생활필수품, 오토바이

　한국에서의 생활과 마찬가지로, 상식을 벗어난 행동을 하지 않는 다면 어느 나라에서든 문제가 생기지 않습니다. 그렇지만 각 나라의 문화가 다르므로, 때로는 충돌의 상황을 맞이하기도 합니다. 베트남 에서는 유독 오토바이가 적응하기 힘들 만큼 위험천만합니다. 베트 남 사람들에게 오토바이는 떼려야 뗄 수 없는 존재입니다. 9700만 명의 사람들이 살고 있는 땅에 5000만 대가 넘는 오토바이가 돌아다니는 베트남은 그야말로 오토바이 천국입니다. 베트남이 전 세계에서 오토바이가 가장 많은 나라가 될 수 있었던 배경은 휘발유 덕분입니다. 베트남은 산유국이기 때문에, 다수의 사람들이 값싼 기름으로 빠른 이동을 할 수 있는 오토바이를 애용하게 되었습니다. 거리를 가득 채운 오토바이 행렬 속의 자동차는 오토바이 전용 도로에 실수로 자동차가 끼어든 것 같은 착각을 불러일으킬 정도입니다. 특히, 하노이와 호찌민 같은 대도시의 출퇴근 시간은 그야말로 차선 이탈과 역주행 그리고 불법 U턴이 가득한 교통지옥 그 자체입니다.

하지만 놀라운 사실은 이처럼 도로 교통을 위반하는 운전자들에게도 그들만의 법칙이 존재합니다. 우선, 보행자의 경우는 손을 들고 서 있는다고 오토바이가 멈추어 주지 않습니다. 그렇다고 무턱대로 뛰어들어 가서도 안됩니다. 발걸음의 속도를 유지하고 오토바이 운전자들과 눈을 맞추며 걸어야 합니다. 절대 달리거나 빠른 걸음으로 이동하면 안 됩니다. 오토바이는 행인의 속도에 맞춰 지나가기 때문에 빨리 가겠다고 갑자기 걸음 속도에 변화를 주면 운전자들이 당황하기 때문입니다. 보행자에게 양보해 주는 경우는 드물기 때문에, 눈치껏 길을 건너야 하는 것은 분명히 '질서'에 익숙한 사람들에게 골치 아픈 문화입니다. 한편으로는, 무질서 속의 질서를 지켜가는 그들만의 법칙이기도 합니다.

　무질서 속의 질서를 지키는 베트남인들은 태생부터 남다른 균형 감각을 자랑합니다. 어린 시절부터 부모님 품에 안겨 오토바이를 타기 때문입니다. 그런 이유에서 손잡이나 운전자의 허리를 잡지 않고도 달리는 오토바이 뒷자석에 편하게 탑승합니다. 심지어, 핸드폰을 만지는 여유를 보이는 사람들도 있습니다. 위험해 보이지만 얼마나 베트남인들이 오토바이를 익숙하고 편한 이동 수단이라고 인식하는지 느낄 수 있는 광경입니다. 오토바이와 관련된 특이한 문화는 이뿐만이 아닙니다.

모자와 바람막이, 선글라스, 장갑까지 완전 무장으로 오토바이를 운전하는 베트남 여성들 또한 아주 인상적입니다. 처음에는 후덥지근한 날씨 속에서 온몸을 가리고 오토바이를 타는 모습을 이해할 수 없었습니다. 지나친 외모 관리라고 생각했지만, 반팔과 반바지를 입고 오토바이와 함께 베트남의 낮을 보내 본다면 모든 행동에는 전부 뜻이 있다는 교훈이 떠오릅니다. 뜨거운 햇살 아래 긴 옷 없이는 금방 화상을 입어 온몸이 따갑고 붉게 부어오르기 때문입니다. 극심한 교통 체증과 온몸을 가려야 하는 불편함 속에도 오토바이는 베트남인들의 생활필수품입니다. 가족 나들이를 갈 때에도, 일을 할 때에도, 데이트를 할 때에도, 친구들과 놀 때에도, 잠을 잘 때도 언제나 오토바이와 함께 하기 때문입니다. 다른 나라와 달리 오토바이의 활용법이 무궁무진한 베트남에서 바라본 오토바이는 그들의 삶에 꼭 필요한 물건이자 일상 속 문화입니다.

13

광란의 물 축제,
태국의 송크란

    다른 문화를 경험하는 일이 여행의 묘미라는 사실은 여행을 떠나본 사람들이라면 누구나 공감할 것입니다. 군침을 돌게 하는 음식을 맛보거나, 낯선 언어로 서툰 대화를 나누거나, 한국에서는 볼 수 없는 독특한 전통을 체험하는 것도 다른 문화와 유대감을 형성하는 보편적 방법입니다. 그렇지만 무엇보다 나라를 대표하는 축제는 여행자가 가장 쉽게 문화를 이해할 수 있는 지름길입니다. 해당 지역의 전

통문화와 자연환경에 따라 만들어진 고유의 문화 행사는 매년 사람들이 한자리에 모일 수 있게 해 주는 중요한 축제입니다.

특히, 현지인뿐만 아니라 전 세계인들이 색다른 문화와 축제를 함께 즐기기 위해 각지에서 모여드는 경우도 있습니다. 바로 세계 10대 축제 중 하나로 손꼽히는 태국의 송크란이 그러한 경우입니다. 매년 4월 13일, 태국 달력으로 새해 첫날을 축하하는 의미로 펼쳐지는 송크란은 태국 최대의 축제이자 명절입니다. 새해를 함께 보내기 위해, 멀리 떨어져 지내던 가족들이 모여서 좋은 운이 찾아오도록 집의 안팎을 청소하거나, 사원에 가서 기도를 올린 뒤 새와 물고기를 방생하는 종교 의식도 행합니다. 이 시기는 태국의 한 해 중 가장 더운 계절로, 건기 뒤에 이어질 우기를 통해 풍요로운 농사를 이루기를 기원하는 의미를 담고 있습니다. 또한, 서로의 손과 어깨에 물을 부어 주는 의식도 아주 중요한 문화입니다. 실제로 이 기간에는 불상을 물로 깨

끗이 닦아 축복을 기원하는 의식을 치르는데, 그와 같은 이치로 사람들이 서로에게 물을 뿌리는 의식을 통해 지난해의 악운을 씻어내고 새해의 복을 기원하는 것입니다.

태국의 4월은 언제나 긴장감이 맴돕니다. 전국에서 물 축제가 몇 날 며칠 이어지기 때문입니다. 거리 곳곳에서 거대한 물총을 들고 사람들이 활보하는데, 이때 주변을 게을리 살피면 안 됩니다. 잠시 한눈이라도 팔면 어디선가 물세례를 퍼붓기 때문입니다. 속수무책으로 당하기 십상입니다. 원래 단순히 물을 뿌리거나 살짝 붓던 전통이 발전하여, 요즘에는 물총과 호스 그리고 양동이 등 온갖 도구를 동원하여 물을 뿌립니다. 심지어는 물탱크와 소방차도 동원되기 때문에 엄청나다는 말밖에 나오지 않습니다. 남녀노소는 물론 전 세계에서 모여든 다양한 인종의 사람들이 옹기종기 한자리에 모여 서로를 향해 자비 없는 공격을 하며 치열한 전투를 펼칩니다. 물벼락 이외에도 당황스러운 순간이 한두 번이 아닙니다. 얼음을 티셔츠에 부어 넣는가 하면, 하얀 머드를 얼굴에 발라 버리기 때문입니다. 그렇지만 당황하거나 화를 내서는 안 됩니다. 앞서 말했듯이 송크란 축제 기간 내의 모든 행위는 악운을 쫓아 주기 위한 의미를 담고 있어서입니다.

시간이 지날수록 더 많은 인파가 밀려오고, 물 만난 물고기처럼 거리는 물 반 사람 반으로 가득 찹니다. 지속되는 물총 싸움에 이리

저리 치이다 보면 슬슬 지쳐가고 축제 한복판에서 잠시 벗어나길 결심하게 됩니다. 멀찍이서 나이와 인종, 성별에 상관없이 누구나 연신 탄성을 내지르며 즐거운 시간을 보내는 풍경을 바라보다 문득 잊었던 추억이 떠오릅니다. 무더운 여름 방학, 바닷가를 가지 않아도 친구들과 삼삼오오 모여 물총 하나만으로 신나게 놀던 어린 시절 말입니다. 잊었던 동심을 살려 주는 전통문화, 송크란은 긍정적인 에너지가 가득한 태국인들과 쉽게 어울릴 수 있도록 한 발짝 더 다가갈 수 있는 계기가 되어 줍니다.

———

따뜻했던
문화의 순간들

방구석에서
떠　나　는
유럽·아시아
문 화 기 행

01 네팔, 느림의 미학과 다름의 존중

세계에서 가장 높은 산인 에베레스트를 포함하여, 해발 8000미터
가 넘는 여덟 개의 히말라야 산봉우리는 인간의 발길이 허락되지 않
은 신의 영역이었습니다. 이러한 이유로 대부분의 사람들은 '네팔'하
면 히말라야 산맥을 연상합니다. 눈 덮인 고산을 오르는 등반가들의
도전이 네팔을 대표하는 이미지가 되었기 때문입니다.

그렇지만 히말라야 산맥 이외에도 네팔에서 만날 수 있는 특별함
이 많습니다. '신에게 보호받는 땅'이라는 명성에 걸맞게 귀중한 세계

문화유산과 전통문화가 지켜지고 있기 때문입니다. 고난을 감내하는 모험 만큼 가슴 뜨거운 여정은 아니더라도 세상을 바라보는 네팔인들의 마음가짐은 각박한 삶을 살아가는 사람들에게 많은 교훈을 남겨 주고, 이는 네팔로 떠나야 하는 충분한 이유가 되어 줍니다.

네팔로 향하는 길은 유일한 국제공항이 있는 네팔의 수도 카트만두를 꼭 거쳐야 합니다. 사실, 네팔의 관문인 이곳의 첫인상이 그다지 좋지만은 않았습니다. 인생의 전환점을 맞이하기 위해 찾아간 카트만두의 풍경은 번잡한 인파와 포장도로 위의 검은 매연, 누런 먼지로 가득한 골목이었기 때문입니다. 심지어 자동차가 지나갈 때마다 퍼져 가는 누런 먼지는 인후통을 주었고, 통증만큼 실망감도 컸습니다.

그렇지만 시간이 흐를수록 네팔에 대한 나의 감정은 조금씩 변해 갔습니다. 군잔(Gunjan)이라는 친구가 생긴 뒤부터였습니다. 작은 키와 큰 눈을 가진 부드러운 인상의 그는 묵고 있던 숙소의 직원이었는데, 그에게 건네었던 저의 첫 마디는 "도대체 와이파이는 언제 사용할 수 있어?"였습니다. 잦은 정전 때문에 끊기는 인터넷은 디지털 시대를 살아온 사람에게는 스트레스의 연속이었기 때문입니다. 그때는 전혀 몰랐습니다. 며칠 뒤 그가 자신의 집으로 식사 초대를 할 만큼 우리가 가까워질 거라는 사실을….

군잔과는 비슷한 또래였기 때문에 서로의 문화와 역사에 대한 궁금증을 나누다 보니 자연스럽게 친구가 되었습니다. 하지만 그의 집으로 향하는 길이 조금은 겁이 나고 두려웠습니다. 혹시라도 모를 사건 사고가 우려스러웠기 때문입니다. 불안함을 진정시켜 준 것은 잠에서 깬 그의 아버지와 동생 그리고 아침 식사를 준비하던 어머니의 환한 미소였습니다.

모락모락 피어나는 밥 냄새가 집 안에 진동했고 잠시 후, 동그란 쟁반에 카레와 밥 그리고 수프가 올려져 나왔습니다. 네팔의 전통 음식인 달밧이었습니다. 정성 담긴 음식을 맛있게 먹기 위해 아무런 거리낌 없이 그들의 방식으로 식사를 했습니다. 쌀밥과 반찬을 섞은 뒤, 손으로 움켜쥐어 먹어야 하는 네팔은 수저를 쓰는 한국과는 전혀 다른 식사법입니다. 특히, 손가락을 빨아 먹는 행동은 "당신의 음식이 정말 맛있습니다"라는 뜻을 담고 있어서, 라면 수프가 묻은 손가락을 빨아 먹는 것처럼 몇 번이고 빨고 또 빨았습니다. 식사를 하던 중, 한결같이 밝은 그의 표정에 질문을 던졌습니다.

"군잔! 처음 만났을 때부터 너는 항상 미소를 잃지 않고 대화를 했어. 나쁜 이야기든 좋은 이야기든. 비결이 뭐야?"

"많은 사람들이 과거를 바탕으로 현재를 진단하고 도움을 얻잖아. 과거는 마음 깊숙이 추억으로 남기는 보물이라고 생각해. 아쉬운 지난날에 의존하기보다 지금 이 순간에 집중하는 거지."

비결 따위는 없었습니다. 그저 마음가짐의 차이였던 것입니다. 그는 욕심과 거짓이 없었습니다. 자신의 철학을 낯선 이방인에게 털어놓는 그에게 더 이상 경계는 무의미했습니다. 친절을 베풀고 우정을 나누는 그의 선심 덕분에 네팔에서 느꼈던 부정적인 감정들이 사라져갔습니다.

군잔과의 인연을 통해 네팔에 대한 애정이 싹틀 무렵, 부처님의 탄생지가 네팔이라는 사실이 떠올랐습니다. 여태껏 인도에서 태어났다고 알고 있었지만, 활동 반경이 주로 인도였던 탓에 잘못 알려졌던 것입니다.

사실, 네팔의 종교 문화는 아주 특이합니다. 네팔에서 히말라야 산맥이 유형有形의 상징이라면 종교는 무형無形의 상징일 정도입니다. 힌두교와 불교의 독특한 조합과, 3억 3000만 명의 신이 존재하는 '신들의 나라'이기 때문입니다. 가장 먼저 간 곳은 시내 안에 있는 스와얌부나트로 일명 '원숭이 사원'으로 불리는 곳이었습니다. 이곳은 네팔에서 가장 오래된 불교 사원으로, 약 2000년 전에 세워진 것으로 추정됩니다.

여행자의 물건을 노리는 원숭이들을 피해 300여 개의 가파른 계단을 오르면 사원을 만날 수 있습니다. 이곳에서는 묘한 눈빛을 마주하게 되는데, 시선을 끌어당긴 것의 정체는 '지혜의 눈'입니다. 두 개의 눈 아래에는 물음표 모양이 그려져 있습니다. 이는 네팔의 숫자 1을 형상화한 것으로, '진리에 도달하는 것은 스스로 깨달음을 얻는 하나의 방법밖에 없다'를 의미한다고 합니다. 그런 의미를 알고 난 뒤의 여행은 더욱 성장하기 마련입니다.

번뇌의 시간 속에서 깨달음을 얻으려는 여행자에게 지혜의 눈은 또 다른 여행길을 재촉했고, 과거 엄청난 번영을 누렸던 네팔의 고대도시 '박타푸르'로 향했습니다. 타임머신을 타고 간 듯 수백 년 전의 풍경이 고스란히 남겨진 이곳은 자그마한 입구를 경계로 현대와 중세의 네팔을 오고 갈 수 있습니다. 몇 걸음만 걸었을 뿐인데도, 좁고 복잡한 골목을 이루는 크고 작은 건물들은 세월을 가늠할 수 없을 만큼 고귀한 문화유산이라는 사실을 깨닫기 충분했습니다.

이런 풍경 속에서도 특히 땀방울이 녹아든 공예품을 손수 제작하는 모습과, 공사를 할 때 기계의 도움을 받지 않고 작업을 하는 네팔인들의 일상이 아주 인상 깊었습니다. 빠르게 변해가는 각박한 현대사회와 달리 오랜 세월에 낡고 닳은 전통을 고수하며 있는 그대로의 삶을 살아가고 있기 때문입니다. 시간의 흐름을 존중하고, 모든 것이 상당히 천천히 진행되는 느긋한 생활을 둘러보다 보면 인사를 건네는 순박한 네팔 사람들을 만나기 쉽습니다.

"나마스떼."

꾸밈없는 미소의 인사는 '당신 안에 있는 신에게 인사를 드립니다'라는 뜻을 가지고 있습니다. 신비로운 의미의 인사는 그들의 종교와 연관이 깊습니다. 세계 유일의 힌두 왕국이자 석가모니의 탄생지로, 2000년의 불교 문화를 자랑하는 네팔에서는 세상 모든 것에 신성을 부여합니다. 특히, 타 종교에 대한 배척이 흔한 세상이기에 힌두교와 불교의 융합을 볼 수 있는 '박타푸르'가 그저 특이하기만 합니다. 힌두 사원에서 불교의 흔적을, 불교 사원에서 힌두의 자취를 혹은 두 종교가 함께 행사를 거행하는 신기한 광경을 볼 수 있기 때문입니다.

이색적인 장면을 바라보면 네팔이 신과 연관이 깊은 나라라는 생각이 듭니다. '신의 영역', '신들의 나라', '신에게 보호받는 땅' 등 온통 신과 연결되어 있기 때문입니다. 반대로 생각해 보자면, 경제적으로나 종교적으로 위태로운 사회가 유지될 수 있는 이유는 조화롭지 못한 여러 요소들마저 소중히 여기는 네팔인들의 태도 덕분인 것 같습니다. 자연의 시간을 존중하고 언제 어디서든 신을 만나는 마음가짐은 대립보다는 조화를 추구합니다. 신에 대한 믿음이 있기에 실천으로 이어질 수 있는 그들의 삶 속에서 배울 점은 한두 가지가 아닙니다. 물리적, 공간적, 시간적 여유를 통해 발상의 전환을 할 수 있기 때문입니다. 느림의 미학과 다름의 존중을 통해 '새롭게'나 '빨리빨리'가 항상 최선이 아니라는 사실을 깨닫게 해준 네팔은 머무를수록 매력적인 땅입니다.

02 덴마크가 가진
행복의 비결, 휘게

    삶을 살아가는 대부분의 사람들은 행복을 갈망하지만, 사람마다 행복의 척도가 다르기 때문에 행복에 대한 정의를 내리기는 쉽지 않습니다. 인간이란 같은 공간에서 같은 행위를 하더라도 다른 감정을 느끼기 마련입니다. 살아온 환경과 경험 그리고 주변 사람들과 같은 다양한 요인에 따라 조금씩 다른 가치관을 가지고 살아가기 때문입니다. '세계에서 가장 행복한 나라'로 꼽히는 덴마크는 행복에 대해

고민하기 좋은 나라입니다. 덴마크의 문화와 일상 속에서 사람들이 어떻게 행복한 삶을 살아가는지 살펴볼 수 있기 때문입니다.

한때 바이킹 왕국으로 유럽을 호령했던 덴마크는 유럽에서 현존하는 가장 오래된 왕국입니다. 오랜 역사만큼 수도 코펜하겐 역시 천년의 세월이 깃들어 있는 유서 깊은 도시입니다. '가족과 살기 가장 좋은 도시', '자전거 타기 가장 좋은 도시'처럼 끝없는 칭호가 쏟아지는 코펜하겐의 하루는 평화롭기만 합니다. 산책하기 좋은 도심 속 녹지를 북유럽 특유의 정취와 함께 걷다 보면 묵혀 둔 고민거리도 잠시 잊혀집니다. 특히, 파스텔 색상의 알록달록한 가옥들이 늘어선 뉘하운 운하에서 맛보는 소금기 짙은 바람결은 부드럽습니다. 사실, 코펜하겐을 중심으로 성장한 덴마크는 풍부한 이야기를 담고 있는 나라입니다. 테마파크부터 영화, 비디오 게임까지 확장한 장난감 회사 '레고'를 통해 덴마크인들이 삶을 바라보는 긍정적인 시각과 뛰어난 상상력을 엿볼 수 있기 때문입니다. 창의력으로 만들어진 것은 비단 레고뿐만이 아닙니다. 인어공주와 미운 오리 새끼 그리고 벌거숭이 임금님과 같은 아동 문학의 걸작을 남긴 작가 안데르센의 발자취를 통해서 동심을 느낄 수도 있습니다.

동심의 세계를 품은 레고와 동화 외에도 눈에 띄는 것은 바로 휘게hygge입니다. 2017년 옥스퍼드에서 올해의 단어로 선정한 덴마크어

휘게는 덴마크식 라이프 스타일을 일컫는 말입니다. 편안함 또는 기쁨을 뜻하는 고대 영어 휘칸을 어원으로 둔 휘게는 안락하고 아늑한 상태에서 좋은 사람들과 여유를 즐기는 소박한 라이프 스타일로 많이 알려져 있습니다. 하지만 행복에 대한 정의처럼 사람마다 휘게를 정의하는 것이 조금씩 다릅니다. 개인마다 정서나 성격이 다르기 때문입니다. 덴마크에 머무르는 동안 휘게에 대한 궁금증은 커져갔고, 그런 이유에서 이곳에 살고 있는 친구와 만남을 약속했습니다. 그의 이름은 알렉산더 라자로브. 유럽을 여행하며 만난 친구들 중 한 명으로, 10여 년이 넘는 시간 동안 코펜하겐에서 거주 중인 불가리아계 이민자입니다. 그와의 약속 장소인 코펜하겐 중앙역으로 향하는 길은 자전거의 행렬로

가득했습니다. 세계 최초로 자전거 도로를 만든 덴마크에서 자전거의 존재는 남녀노소를 불문하고 일상의 일부이기 때문입니다.

자전거 전용 도로 위 설치된 신호등의 불이 청신호로 바뀌자, 횡단보도를 가로지르는 자전거 속에서 낯익은 얼굴이 보였습니다. 해맑은 표정과 함께 유유히 페달을 밟으며 인사를 건네는 알렉산더였습니다.

"덴마크에 온 걸 환영해."

힘찬 악수로 반가운 마음을 전한 우리는 어느 호수 공원의 벤치에 앉아서 이야기를 나누었습니다. 요즘 기타 상점과 식당에서 근무하며 여행 웹사이트를 운영 중이라는 그의 안부는 굉장히 흥미로웠

습니다. 전혀 다른 업종을 병행한다는 것이 우리나라에서는 흔하지 않기 때문입니다. 그의 말에 따르면, 덴마크에서는 직업에 대한 귀천 의식이 전혀 없기 때문에 자신이 잘하는 일과 하고 싶은 일을 병행 하는 게 흔하다고 했습니다. 실제로 재무설계사와 운동선수 혹은 바 텐더와 선생님을 병행하는 주변 친구들도 있다고 그는 말했습니다. 이러한 사회적 현상은 획일화된 기준으로 모든 것을 맞추기에는 다 양한 삶의 방식이 존재한다는 사실을 인식하게 해 주었습니다.

"궁금한 게 있는데, 도대체 휘게가 뭐야? 행복의 지름길이야?"

저는 미뤄 두었던 휘게의 궁금증을 털어놓았습니다.

"친구, 행복은 산수처럼 딱 떨어지는 답이 아니야. 행복해지려고 휘게를 하는 것은 아닌 거지."

"너무 어려워서 이해가 잘 가지 않아."

"내가 처음 코펜하겐으로 왔을 때, 앉아서 미래를 그렸던 곳이 바로 여기야. 나에겐 큰 의미가 있는 장소에서 너와 내가 함께 음악, 연애, 인생, 문화 등 많은 주제를 두고 이야기하는 지금 이 순간이 휘게야. 호화스러운 분위기가 아니더라도 소박하게 즐기는 지금의 운치가 행복인 거지. 휘게를 하려고 수고할 필요는 없어."

"휘게를 통해 마음의 안정을 찾는 일이 그리 거창한 게 아니구나."

"응. 멀리서 찾는 것이 아니라 가까이 있는 일상생활 속에서 느끼는 거지. 좋은 감정을 나누는 모든 것 자체가 휘게니까 말이야."

문득, 원효대사의 해골 물 일화와 휘게의 공통점이 떠올랐습니다. 생각하기 나름이라는 사실입니다. 고작 마음을 다르게 먹을 뿐인데도 경쟁과 질투밖에 없는 세상이 행복과 사랑이 가득한 세상으로 보일 수 있기 때문입니다. 행복은 누군가 만들어 주는 것이 아니라 스스로 만드는 것입니다.

03 오만에서의
운수 좋은 날

　풀 한 포기 자라지 않는 사막의 땅, 오만으로 향하는 여행길이 쉬운 선택은 아니었습니다. 세계의 화약고라고 불리는 내전 국가 예멘의 이웃 나라이기 때문입니다. 지리적으로나 심적으로나 여행자에게 불안감을 심어 주기에 충분했지만, 막상 겪어본 오만의 일상은 예상과 다르게 의외로 평화로웠습니다. 천혜의 자연과 유적지의 흔적 그리고 친절한 오마니(오만 사람)와의 만남을 통해 이슬람에 대한 선입견을 버릴 수 있었습니다.

오만 여행의 출발은 무스카트 공항부터였습니다. 비행기에서 내려 설렘을 안고 공항을 나서자, 아시아와는 너무나 판이한 분위기에 압도되었습니다. 이러한 감정의 시작점은 생소한 아랍어부터였습니다. 대충 휘갈겨 쓴 낙서 같은 글씨 때문에 무엇이 무엇인지 전혀 알 수 없었기 때문입니다. 두려움과 기대감이 교차하는 찰나, 누군가 말을 걸어왔습니다.

"너 여행자 맞지?"

"으응…."

"공항에 친구 데려다주러 왔는데, 시내 가는 길이면 데려다줄게."

시내로 가는 방법이 오로지 택시뿐인 공항에서 멀뚱히 서 있으니 불쌍해 보였나 봅니다. 얼떨결에 동승을 하게 되었습니다. 온통 거칠고 메마른 사막의 땅을 가로지르며, 모리따라는 이름을 가진 사내는 자신이 베푼 친절의 이유를 설명해 주었습니다.

"대개 많은 여행자들이 택시를 타본 뒤 오마니에 대한 나쁜 편견이 생겨서 너를 태워 주는 거야. 미터기가 없을 뿐더러, '어이, 친구(Hey, My friend)'를 외치며 바가지 씌우는 것을 당당하게 합리화하거든."

"한국에서 오만은 잘 알려지지 않은 여행지라 그런 정보를 전혀 알지 못했어. 고마워."

"여긴 1년 내내 더운 탓에 공공기관들이 2시 전후로 업무를 종료해. 그래서 대부분의 경찰과 공무원들이 부업으로 택시를 운행해서

생긴 문제야. 오만의 90퍼센트는 바위산과 사막이라, 렌터카를 이용하는 게 훨씬 현명한 여행이 될 거야."

"응. 그런데 네가 이런 친절을 베푸는 이유가 뭐야?"

"돈을 원해서 너를 도와주는 게 아니야. 나도 여행을 다니면서 현지인들한테 도움을 받을 때가 많았거든. 그때 꼭 우리나라에 여행 오는 사람들에게 기회가 된다면 친절을 베풀겠다고 알라에게 기도를 했지."

병풍처럼 펼쳐진 돌산을 지나 도심에 진입하자 알록달록한 꽃밭이 보였고 그 뒤편에는 웅장한 건축물이 한눈에 보였습니다. 한국에서는 볼 수 없는 독특한 문화를 접할 수 있는 순간이었습니다.

"무스카트에서 빼놓지 않고 방문해야 할 곳이 바로 이곳 '술탄 카부스 그랜드 모스크'야. 세계에서 네 번째로 큰 모스크 사원이라 2만 명 이상이 동시에 참배할 수 있어."

모리띠는 뿌듯한 표정으로 모스크에 대한 설명을 이어갔습니다.

"국민들이 더위를 피해 휴식을 취할 수 있도록 술탄이 건설한 곳이라, 관광객들은 오전 8시부터 11시까지만 입장할 수 있어."

"그 시간을 제외하곤 입장이 불가능한 거야?"

"응. 만약 네가 무슬림이라면 입장이 가능하지만, 비무슬림 관광객이라면 입장이 되지 않아. 가장 중요한 것은 복장이야. 여자는 히잡으로 머리카락을 가려야 하지만, 남자는 긴 옷으로 살만 가리면 돼. 오만에 있는 1만 3000여 개의 이슬람 사원 중에서 유일하게 관광객이 입장 가능한 모스크니까 기회가 된다면 꼭 방문해 봐."

첨탑과 돔으로 웅장하게 지어진 이슬람 양식의 모스크를 멀찍이서 바라보며 결심했습니다. 땀이 주룩주룩 흐를 정도로 덥겠지만 꼭 긴팔과 긴 바지를 입고 가야겠다고 말이죠. 다른 문화를 존중하는 예의는 여행자에게 필수 덕목이기 때문이었습니다.

이런저런 대화를 나누며 숙소에 도착할 때까지 그와의 동행은 이어졌습니다. 우리는 호텔에 무료로 구비되어 있는 오만의 전통 커피인 카와Qahwa로 목을 축였습니다. 그런데 커피를 한 모금 마시자, 일순간 굳는 표정을 숨길 수 없었습니다. 커피 본연의 맛을 느낄 수 없을 만큼 독특한 향이 입안을 맴돌았기 때문입니다. 굳어진 표정을 본 모리띠는 오만의 차 문화는 잔이 비면 즉시 채워 주기 때문에, 더 이상 마시고 싶지 않을 때는 찻잔을 꼭 좌우로 흔들어 보여 줘야 한다고 말했습니다.

"한국에서도 전통 의상을 자주 입어?"

예의를 위해서 오묘한 맛을 연거푸 마시고 있는 도중, 그가 질문

오만에서 만난 친구, 모리띠

을 했습니다.

"결혼식이나 명절 이외에는 잘 입지 않아."

"우리는 항상 전통 의상을 입어."

"TV 속의 중동 사람들은 전통 의상을 항상 입더라."

"비슷해 보일 수 있지만 차이가 있어. 다른 중동 국가들은 모두 면이나 실크로 된 천을 머리에 두르지만 우리는 '쿠피야'라고 부르는 머리 덮개를 쓰거든. 만약 하나 가지고 싶다면 꼭 무트라 시장을 가 봐. 나는 가족과의 약속 때문에 이만 갈게. 조심히 여행해!"

우연히 만나 친절을 베푼 뒤 유유히 떠난 그와의 작별은 고마움으로 가득했습니다. 이슬람이라는 종교와 중동이라는 지역 때문에 오만에 대한 선입견이 있었지만, 디슈다샤(오만의 전통 의상)처럼 새하얀 마음을 가진 모리띠 덕분에 편견을 버릴 수 있었기 때문입니다. 언젠가 한국을 방문한 여행자에게 친절을 베풀어야겠다는 좋은 교훈도 얻을 수 있었습니다. 낯선 이슬람의 땅에서 펼쳐질 여행의 시작은 그야말로 '운수 좋은 날'이었습니다.

"너무 덥다."

행운은 그저 일시적이었던 것일까요? 웬만하면 걸어서 돌아다니려고 했건만, 숙소를 나설 엄두조차 내지 못했습니다. 숨통을 조여오는 더위를 잊을 수 있는 시원한 맥주 한 모금도 불가능했습니다. 술이 엄격하게 금지된 이슬람 국가이기 때문이었습니다. 하지만 이대로

시간을 낭비하며 누워만 있을 수는 없었습니다. 모리띠의 조언대로, 택시의 폭탄 요금과 인정사정없는 햇살을 피하기 위해서는 자동차를 빌리는 게 현명하다는 생각을 했습니다.

그런데 자동차 여행은 출발도 하기 전부터 우여곡절의 연속이었습니다. 오만의 입국 스탬프가 연한 파란색인 탓에, 대한민국 여권의 푸른색 사증에 연하게 표시되어 렌터카 업체에서 불법 체류자로 신고하는 해프닝이 있었기 때문입니다. 이는 시작일 뿐이었습니다. 겨우겨우 오해를 풀고 난 뒤, 기분 좋은 마음으로 주유소에서 휘발유를 가득 채우고 출발하자마자 자동차가 고장이 나 버린 것입니다. 그것도 오후 1시, 가장 더운 시간대에 말입니다. 처음에는 나의 실수로 인한 문제인 건지 걱정 섞인 마음으로 렌터카 업체를 기다렸습니다. 한 시간가량 지났을 무렵, 도착한 그들은 냉각수 뚜껑을 닫지 않은 채 차량을 출고했다며 사과를 해 왔습니다. 더욱 짜증이 나는 사건은 그다음부터였습니다.

방금 전, 가득 채운 기름값을 요구하자 그들에게서는 이런 답변이 돌아왔습니다.

"우리의 실수는 분명하지만 네가 넣은 기름에 대해서는 보상해 줄 수 없어."

도저히 이해가 되지 않는 상황을 설명하며 말다툼을 했지만 결과는 '포기하자'였습니다. 산유국답게 리터당 500원이라 기름값이 저렴하니, 팁을 줬다고 생각하라는 그들의 논리를 이길 수 없었기 때문이었습니다. 새삼스레 '운수 좋은 날'의 결말이 걱정되었지만, 더 이상 여행을 지체할 수는 없었습니다.

여행이 항상 평탄할 수만은 없다는 생각으로 위로를 하며 무작정 핸들을 잡았지만, 마음을 쉽게 놓을 수 없었습니다. 교통사고 사망률이 한국의 두 배로 세계 1위를 차지하는 오만에서 안전 운전은 필수였기 때문입니다. 신호를 위반할 시에는 벌금 150만 원에 1일 구류, 또한 핸드폰 사용도 벌금 100만 원을 부과할 만큼 엄격하게 처벌하기에 조심해서 운전해야 했습니다. '범칙금을 내지 않고 그냥 출국하면 되지'라고 안일하게 생각할 수도 있지만 도망칠 수 없습니다. 출국 심사대에서 교통범칙금을 납부해야만 출국이 가능하기 때문입니다.

마치 처음 운전을 하듯 모든 게 조심스러운 마음은 돌산과 사막밖에 보이지 않는 창밖의 풍경처럼 건조하기만 했습니다. 얼마나 흘렀을까요? 끝없이 펼쳐진 도로를 달리다가 급히 차량을 멈춰 세웠습니다. 순간, 꿈틀거리는 사막의 정기와 태양의 에너지만큼 여행에 생기가 살아났습니다. 바다를 품고 있는 오만의 경치가 그 이유였습니다. 푸른 바다와 하늘이 펼쳐진 경관을 등지고 느긋한 오후를 보내는 야생 염소 떼는 마냥 신기하기만 했습니다. 그리고 이 풍경의 뒤편에는 여행을 지체할 수 없었던 이유이자, 오만에서 가장 유명한 여행지

오만의 비마 싱크홀

인 '비마 싱크홀'이 있었습니다.

비마 싱크홀은 별똥별이 떨어져서 탄생했다는 전설이 내려오는 곳이지만, 사실은 다른 이유로 탄생했습니다. 석회질의 암석들이 오랜 세월 침식되어 내부 지반이 붕괴되었기 때문입니다. 아파트 7층 높이의 깊은 연못을 수영장처럼 수영하는 사람들 틈에서 더위를 식히기 위해 발을 담그자 닥터 피시가 몰려왔습니다. 1급수를 자랑하는 물답게 너무나도 깨끗한 환경에서 자연을 만끽하던 그때, 머리가 벗겨진 백인 사내가 말을 걸어왔습니다.

"물이 참 깨끗하지? 많은 관광객들이 찾아와도 비마 싱크홀이 맑

은 이유는 바다와 연결되어 있어서 순환하기 때문이야."

자신을 프랑스인이라고 소개한 그는 미소를 지으며 말을 이어 나갔습니다.

"사람들이 중동이라는 이유로 오만을 굉장히 꺼려 하지만, 오만은 참 아름다운 나라야. 나도 벌써 몇 번째 이곳을 찾아왔는데 오면 올수록 매력적이야."

"예상했던 것과 달리 너무 안전해서 놀랐어. 특히, 길거리에서 야생 염소 떼가 우르르 다니는 풍경도 참 인상 깊었어."

"염소뿐만 아니야. 운이 좋으면 낙타 떼도 만날 수 있어. 오만은 다른 아랍권 국가들과 달리 야생 동물 보존에 힘을 쓰기 때문에 표범, 돌고래, 하이에나, 갑상선가젤 등 다양한 동물들이 서식하고 있지."

대꾸 없이 고개를 끄덕이자 그는 다른 질문을 던졌습니다.

"이제 어디로 갈 계획이야?"

"저녁에 무트라 수크(시장)가 있는 무스카트로 돌아갈 계획이야."

"좋은 생각이야. 그곳은 오랜 세월 동안 동양과 서양이 만나는 역사적 항구 도시인 무스카트에서 가장 오래된 수크야."

"무트라 수크가 그렇게 역사가 깊은 곳이었어?"

"당연하지! 오만은 물론이고, 아랍의 모든 국가들을 통틀어서도 가장 오래된 시장이야. 거미줄처럼 펼쳐진 골목을 누비는 재미를 꼭 느껴봐. 이제 나는 숙소로 돌아갈 시간이야. 좋은 여행 하렴!"

무스카트로 돌아가는 길은 꽤 거리가 있었기에, 어둠이 찾아온 뒤에야 무트라 수크에 도착할 수 있었습니다. 아라비아의 분위기가 물씬 나는 이곳에서는 정교한 금은 수공품, 의류, 액세서리, 향수 등 다양한 물건을 팔고 있었습니다. 물론, 모리띠가 썼던 머리 덮개 '쿠피야'도 쉽게 찾을 수 있었습니다. 하지만 유독 시선이 갔던 것은 7000년의 역사를 가진 세계 최고의 유향이었습니다. 오만의 주요 수출품이자 약재와 향료로 사용되는 유향이 관심을 끌었지만, 머무름은 오래가지 않았습니다. 유향을 껌처럼 씹을 수도 있다며 장사꾼이 호객 행위를 시작했기 때문입니다. 독특한 맛을 보는 것은 낮에 마신 오만의 전통 커피 '카와'로 충분했기에, 향만 살짝 맡아 본 뒤 자리를 떴습니다.

미로 같은 무트라 수크를 돌아다니며, 문득 오만이 왜 중동의 스위스라고 불리는지에 대해서 이해할 수 있었습니다. 세계의 화약고라고 불리는 중동 속의 오마니들은 너무나도 평화로웠습니다. 대리석 의자에 누워서 휴식을 취하는 남자들, 히잡을 쓰고 쇼핑을 하는 여성들, 장사를 하는 동아시아인들, 여행을 온 이방인들로 붐비는 무트라 시장의 모습은 수백 년 전과 다름없었습니다. 분명 그 시절에도 무역을 위해 많은 나라의 상인들과 현지인들이 뒤섞여 매일을 보냈을 테니 말입니다. 민족과 종교 간의 갈등 없이 모두가 공존하는 중동의 스위스에서 무탈하게 다채로운 경험을 한 하루의 끝은 '운수 좋은 날'이 분명했습니다.

04 시베리아 횡단 열차의
하루는…

철도의 총 길이를 나타내는 '9288' 기념비와 함께 출발한 시베리아 횡단 열차의 매일은 소박한 게스트 하우스에 머무르는 기분입니다. 땅을 밟고 싶을 때 밟지 못한다는 것을 제외하고는 먹고, 자고, 싸고, 놀고를 반복하며 편안한 시간을 보냈기 때문입니다. 객실 칸은 2, 4, 6인실로 나눠지는데, 저와 일행은 대부분을 4인실에서 머물렀습니다. 생각이 많은 날은 운 좋게 단둘이 기차 여행을 즐기고, 심심한 날에는 새로운 승객과 대화를 하며 시간을 보내기 위해서였습니다. 또한 4인실은 매트리스와 베개 그리고 이불과 시트가 기본적으로 구성되어 있었기 때문에 번거롭게 옵션을 추가해야 하는 6인실보다 현명한 선택 같았습니다. 한 번 탑승하면 최소한 하루 이틀은 기본적으로 머물러야 하는 시베리아 횡단 열차의 생활은 이러하였습니다. 매일 아침 눈을 뜨면 열차를 탈 때 가장 먼저 만나는 차장과 눈인사를 한 뒤, 양치와 세수를 하러 화장실로 향했습니다. 세면대만으로 찜찜함을 씻어내기에 부족하다면, 차장에게 부탁하여 샤워실을 유료(150루블)로 20분간 사용할 수 있었지만, 이는 사치라고 생각했습니다. 여행길이 여름이었다면 어쩔 수 없었겠지만, 우리의 시베리아는 춥디추웠기에 양치와 세수만으로도 충분했기 때문입니다.

잠시 머무르는 정차역에서는 러시아의 만두 '빤세' 같은 길거리 음식과 식수 그리고 한국 음식을 미리 구입하여 입이 심심하거나 허기질 때 배를 채웠습니다. 여행을 떠나기 전에 초코파이가 러시아에

서 아주 인기 있다는 소식은 들었지만, 이에 못지않게 우리나라의 라면 '도시락'이 초코파이만큼 사랑을 받고 있었습니다. 점원에게 '도시락'이라고 발음하면 금세 알아들을 정도로 현지인들에게도 인기가 있었고, 이런 이유에서 어디서든지 쉽게 구할 수 있었습니다. (최근에는 매운 맛을 찾는 러시아인들에게 신라면도 인기를 얻고 있습니다.) 가장 중요한 점은 1000원 미만의 저렴한 가격으로 가난한 배낭여행객에게 한국의 맛을 선사한다는 것이었습니다. 완벽한 식사는 아니지만, 시베리아 풍경을 벗삼아 먹는 라면은 고급 레스토랑의 스파게티만큼 분위기 있는 음식이 되어 주었습니다. 특히 식사가 끝난 뒤, 러시아 철도청 로고가 새겨진 은색의 컵 받침을 이용해 홍차를 마시면 마치 영화 속의 한 장면에 있는 듯했습니다.

금세 찾아온 어둠은 지루할 법한 열차 생활에 활력을 불어넣어줍니다. 새로운 승객들이 대부분 밤 기차를 타기 때문입니다. 여전히 서양인보다는 우즈베키스탄과 카자흐스탄 그리고 중국인을 비롯한 북한 노동자와 러시아 현지인들이 자주 열차를 이용하기에 어떤 승객과 밤을 보낼지는 복불복이지만, 우리는 항상 할아버지를 만났습니다. 대부분의 할아버지들은 무표정을 하고 있었지만, 미리 사 온 간식거리를 나눠 주시며 러시아의 문화와 그들의 삶을 이야기해 주었습니다. 그럴 때마다 부족한 러시아어 때문에 그들에게 더 친근하게 다가갈 수 있는 기회를 잘 살리지 못한 것 같아 항상 아쉬움이 남았습니다.

　도란도란 대화를 나누다보면 어느 새 자정이 되고, 모두가 내복으로 옷을 갈아입으며 잠에 들 준비를 했습니다. 불이 꺼지고 모두 자신의 침대에 누우면 고요함과 적막함이 흐르고, 창밖의 가로등을 지나치는 순간을 제외하고는 어둠만이 존재하는 객실 속에서 진정한 나만의 시간을 찾았습니다. 쓱쓱 스쳐지나가는 창밖의 불빛은 하루를 비롯한 과거를 문득문득 회상하게 해 주었습니다. 그리고 감미로운 밤, 감성적인 마음, 감동적인 여행, 매일이 여유로운 오늘 같기를 바라며 잠을 청했습니다.

이 책을 만드는 데
도움을 주신 분들

강제이	유노
권창환	윤석규
김동언	이승현
김동희	이유찬
김명진	이창훈
김영권	이태하
김용수	이형로
김지영naz	이형윤
김 현 욱	장효수
나무당	전수정
남광민	정재승
노성래	조세윤
무구희 무야호	주건우
박동준	차준헌
박용훈	천주영
瑞炫	하향(夏香)
세상에서젤이쁜손보라미	행님 대박나세요! 조윤상
송의성	황씨
송재인	1220 Sandpiper
양명석	Daily Madlife_JANG
양재길	YHI
오콜라	

* 북펀딩에 참여하신 분들의 목록입니다.(가나다순) 또한 책이 나오는 데까지
특별한 도움을 주신 권석근, 양재령, 김동원 님께 감사드립니다.

방구석에서 떠나는
유럽 · 아시아 문화기행

1판 1쇄 인쇄 2021년 7월 15일
1판 1쇄 발행 2021년 7월 20일

지은이 권동환
펴낸이 이윤규

펴낸곳 유아이북스
출판등록 2012년 4월 2일
주소 서울시 용산구 효창원로 64길 6
전화 (02) 704-2521
팩스 (02) 715-3536
이메일 uibooks@uibooks.co.kr

ISBN 979-11-6322-061-9 03900